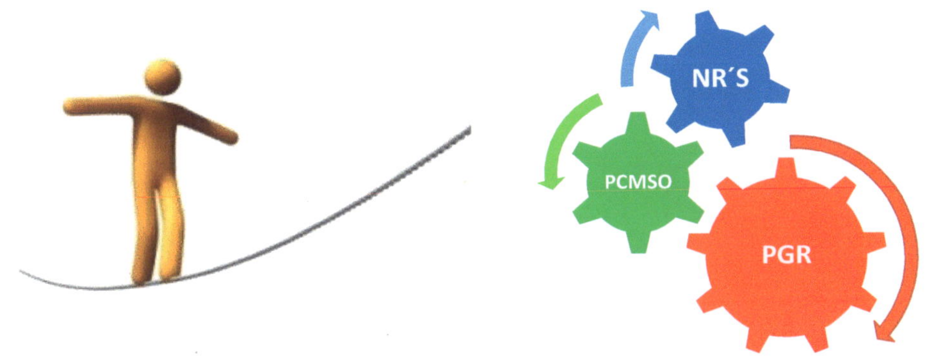

GUIA PARA ELABORAÇÃO DO PGR – PROGRAMA DE GERENCIAMENTO DE RISCOS OCUPACIONAIS

Kleber Lúcio Borges

2020

Kleber Lúcio Borges

Eng. Civil e Eng. Segurança do Trabalho

GUIA PARA ELABORAÇÃO DO PGR – PROGRAMA DE GERENCIAMENTO DE RISCOS OCUPACIONAIS

Ficha catalográfica

Guia para elaboração do PGR – Programa de Gerenciamento de Riscos Ocupacionais. Borges, K. L. 1ª Edição. Porto Velho [RO], 2020. 77p.

ISBN: 9798552512102

1. Gerenciamento de riscos. 2. Riscos ocupacionais. 3. Programa de gerenciamento.
4. PGR. 5. GRO. I. Borges, Kleber Lúcio. II. Borges, K. L.

SOBRE O AUTOR

Kleber Lúcio Borges é engenheiro civil de formação pela Universidade Federal de Uberlândia (1997), mestre em engenharia civil pela Universidade Federal de Uberlândia (2004) e doutor em Desenvolvimento Regional e Meio Ambiente pela Universidade Federal de Rondônia (2019). Fez ainda 6 especializações: Engenharia de Segurança do Trabalho (2002); Gestão Ambiental (2006); Administração Estratégica (2014); Engenharia e Gerenciamento de Manutenção (2015); Engenharia de Avaliações e Perícias (2019); Higiene Ocupacional (2019). Atualmente é aluno de doutorado em engenharia civil na UFGRS.

Trabalhou como desenhista de projetos de edificações de 1987 a 1997 na Empol – Empresa de Construção Civil em Araguari-MG.

Foi estagiário do CREA-MG entre o período de 1995 a 1996 na inspetoria de Araguari-MG.

Quando se formou em engenharia civil em 1997, passou a projetar e acompanhar obras de edificações como responsável técnico, principalmente na cidade de Araguari-MG e região.

Foi professor no curso técnico de segurança do trabalho no CTAP – Centro de Treinamento e Aperfeiçoamento Profissional em Uberlândia-MG entre 1999 e 2001.

Em 2001 passou no concurso público para engenheiro civil da SAE – Superintendência de Água e Esgoto em Araguari-MG, onde foi responsável técnico do sistema de abastecimento de água e esgotamento sanitário, Diretor de Planejamento e Projetos, e Superintendente Adjunto, atuando e contribuindo para a evolução da autarquia até 2008.

Participou do CISAM – Conselho Intermunicipal de Saneamento entre 2005 a 2007, vinculado à AMVAP – Associação dos Municípios do Vale do Paranaíba, onde foi coordenador da Câmara Técnica de Esgoto e Presidente do CISAM.

Foi Conselheiro Suplente do COPAM – Conselho Estadual de Política Ambiental do Estado de Minas Gerais, representando a AMVAP, no período de 2006 a 2007.

Foi membro do Comitê da Bacia Hidrográfica do Rio Araguari, representando a SAE-Araguari, no período de 2004 a 2008.

Após a conclusão de sua especialização em Engenharia de Segurança do Trabalho em 2002, iniciou a prestação de serviços de assessoria e consultoria em segurança do trabalho realizando uma parceria com a ACIA – Associação Comercial e Industrial de Araguari-MG para o atendimento de seus associados.

Em 2004 iniciou a sua experiência em obras de usinas hidrelétricas. Foi engenheiro de segurança do trabalho do CMCB – Consórcio Montador Capim Branco, empresa responsável pela montagem eletromecânica das usinas de Capim Branco I (210 MW) e Capim Branco II (240 MW) no Rio Araguari, entre os municípios de Araguari e Uberlândia-MG, até 2007.

Paralelamente, foi professor e coordenador do curso de pós-graduação em Engenharia Sanitária na UNIMINAS em Uberlândia-MG, no período de 2005 a 2007. E ainda foi professor de alguns módulos de pós-graduação na UNIPAC em Araguari-MG.

Foi eleito como Inspetor Tesoureiro para o período de 2006 a 2008 na Inspetoria do CREA-MG em Araguari-MG.

Em 2008 ingressou na Gerdau, para acompanhar a construção de duas usinas hidrelétricas como engenheiro de segurança do trabalho: UHE Caçu (60 MW) e UHE Barra dos Coqueiros (90 MW) nos municípios de Caçu e Cachoeira Alta-GO, onde permaneceu até 2010.

Em 2010 ingressou na Odebrecht para trabalhar como engenheiro de segurança do trabalho na construção da usina hidrelétrica de Santo Antônio (3.150 MW) em Porto Velho/RO, onde trabalhou até 2012.

Em 2012, ainda pela Odebrecht, foi transferido para a construção da usina hidrelétrica de Laúca (2.067 MW) na Angola, para atuar também como engenheiro de segurança do trabalho, onde ficou até 2014.

Em 2014 passou no concurso público para engenheiro civil da Fiocruz – Fundação Oswaldo Cruz em Porto Velho-RO, onde acompanha a construção do Polo Tecnológico de Saúde.

Paralelamente, desde 2015 atuou como professor de graduação em engenharia civil e de pós-graduação em engenharia de segurança do trabalho, ministrando diversos módulos em algumas faculdades de Porto Velho-RO, Rio Branco-AC e Ji-Paraná-RO, até 2018.

Além disso, atua como perito da justiça do trabalho no TRT14 em diversas ações trabalhistas realizando perícias, principalmente de insalubridade e periculosidade, desde de 2015.

Possui um Blog sobre saúde e segurança do trabalho:

www.klb-engseguranca.com

O Blog foi um desejo de compartilhar, com os amigos e outros interessados, a experiência adquirida, as novidades e diversos conteúdos sobre saúde e segurança disponíveis publicamente na internet.

Participou de diversos cursos de formação complementar, entre eles na área de segurança do trabalho: Sistemas de Gestão, Investigação de Acidentes, Trabalho em altura, Áreas Classificadas, Proteção Respiratória, Proteção de máquinas e equipamentos, Auditor Interno OHSAS 18.001 e ISO 14.001, Auditor Líder da OHSAS 18.001, Proteções respiratórias, Higiene Ocupacional, entre outros.

Atualmente presta consultoria e assessoria em segurança do trabalho para empresas, além de ministrar treinamentos em diversas cidades do Brasil.

Sumário

1. INTRODUÇÃO

Os acidentes do trabalho são indesejáveis em qualquer empresa, porém, para evitá-los é necessário planejamento e implantação de medidas eficazes. Prevenir os acidentes é uma obrigação das empresas, que devem investir de forma inteligente para otimizar os recursos. Caso contrário, os custos por um único acidente do trabalho, dependendo da sua gravidade, pode ser bem maior do que o valor que deixou de ser aplicado na prevenção. E pior, a saúde e a integridade física de um trabalhador, muitas vezes, não têm como ser recuperada, causando ainda sequelas emocionais no acidentado e em todo o círculo familiar e de amizade.

Um ambiente laboral seguro, com todos os perigos controlados adequadamente, e saudável, livre de doenças relacionadas ao trabalho, é o objetivo de toda empresa. Só é possível alcançá-lo realizando o gerenciamento dos riscos ocupacionais de forma integral e eficaz.

Observa-se que muitas empresas, preocupadas com esta questão de saúde e segurança do trabalho, terceirizam a elaboração de programas e documentos exigidos pela legislação a profissionais especializados nesta área. Mas, também se observou que em diversas delas, tais documentos não são efetivamente colocados em prática. Eles são necessários para o cumprimento da legislação, mas na prática, esta preocupação com a saúde e segurança dos trabalhadores deve se transformar em ações efetivas e com certeza, estes documentos auxiliam neste processo.

Desde o início de 2019, iniciou-se um estudo para a modernização das normas regulamentadoras de segurança do trabalho no Brasil. Em março de 2019, foi publicada a Portaria 6.730, alterando a NR-1 e instituiu o PGR – Programa de Gerenciamento de Riscos, parte do GRO – Gerenciamento de Riscos Ocupacionais, com vigência a partir de março/2021, que irá substituir o atual e famoso PPRA – Programa de Prevenção de Riscos Ambientais.

Diante deste novo desafio de elaboração deste documento, desenvolveu-se este **Guia para elaboração do PGR – Programa de Gerenciamento de Riscos Ocupacionais**, baseado em diversos estudos, publicações e recomendações de diversas instituições relevantes ligadas à saúde e segurança do trabalho do Brasil e do mundo, além da experiência do autor que atua nesta área há mais de 18 anos.

Este guia visa orientar a elaboração do PGR e pode ser utilizado por qualquer empresa. Obviamente que, quanto maior os níveis de riscos das atividades desenvolvidas mais trabalhoso será o processo, geralmente para empresas de médio ou grande porte. E quanto menor os níveis de riscos mais simples, geralmente para empresas de pequeno porte.

Para o sucesso do PGR, a direção da empresa deve realizar um inventário de riscos completo e integral, disponibilizar os recursos necessários para implantar medidas de controle e os trabalhadores devem participar ativamente deste processo. Desta forma, o nível de cultura da segurança empresa tende a aumentar e o comportamento seguro tende a ser incorporado, com o desenvolvimento da percepção de riscos dos trabalhadores. O exemplo da liderança é fundamental neste processo e os líderes devem, acima de tudo, cumprir e exigir o cumprimento dos procedimentos de segurança. Este é o caminho para a obtenção de bons resultados no gerenciamento de riscos de sua empresa.

Antes de falar diretamente no PGR – Programa de Gerenciamento de Riscos, apresenta-se alguns conceitos relacionados com o assunto e posteriormente, alguns temas importantes relacionados à Gestão de Saúde e Segurança do Trabalho.

Esclarece-se que, haverá exemplos para melhor entendimento deste guia, no entanto, todas as situações citadas são fictícias, sem qualquer relação com a realidade. Logo, tais exemplos não servem como parâmetro de comparação com situações reais. Os exemplos são um recorte hipotético de uma determinada situação isolada e não reflete a realidade de uma empresa.

2. NÍVEL DE CULTURA DA SEGURANÇA DA EMPRESA

A cultura de segurança do trabalho de uma empresa pode ser medida pela sua maturidade que trata e age sobre esse assunto. Ela é uma consequência da gestão e pincipalmente das ações praticadas.

Existem algumas opções de metodologias para realizar a avaliação em que nível ela se encontra. Uma delas é a Curva *Hearts and Minds*, originalmente desenvolvida e utilizada pela Shell, como mostra a **Figura 1,** que classifica a empresa em cinco níveis (HEARTS AND MINDS, 2019):

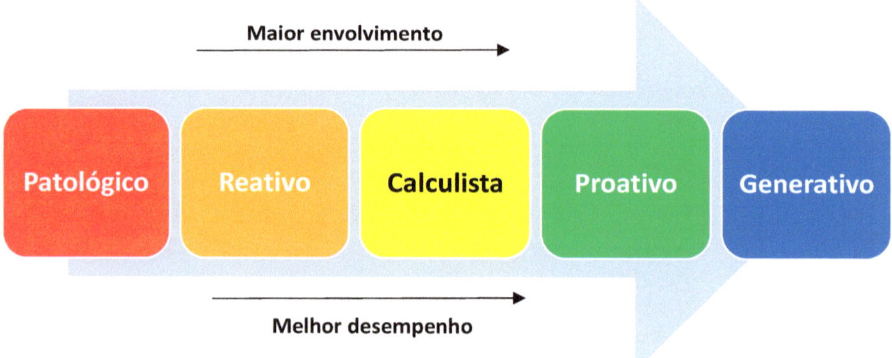

Figura 1. Curva da cultura de segurança – *Hearts and Minds*
Fonte: Adaptado de Hearts and Minds (2019)

- **Patológico:** nível mais baixo, caracterizado pela falta de importância relacionado ao assunto de segurança, considerado apenas como uma obrigação legal, uma burocracia sem necessidade;
- **Reativo:** neste nível, a segurança só merece atenção após ocorrer algo de errado, caracterizado pela transferência de responsabilidade do empregador para os trabalhadores. As más notícias são ocultadas;
- **Calculista:** focado em sistemas e números. Apesar do registro e análise de muitos dados, inspeções e auditorias, os resultados nem sempre são satisfatórios. As más notícias são toleráveis, porém, indesejáveis;
- **Proativo:** pensamento de gerenciamento da saúde e segurança com base nos dados e no planejamento do futuro. Envolvimento dos trabalhadores assumindo o papel de protagonistas da sua saúde e segurança com assessoria técnica da área de segurança, que tem o papel de orientação;

- **Generativo:** as organizações estabelecem padrões muito altos e tentam superá-los. Associam o desempenho em segurança ao desempenho da empresa. Atuação ativa dos trabalhadores, que buscam informações e orientações. Apoio total das lideranças que colocam a saúde e segurança como prioridade em qualquer situação.

Outra metodologia que pode ser utilizada para medir a cultura de segurança de uma empresa é a Curva de *Bradley* da *DuPont*, como mostra a **Figura 2**. Nesta metodologia, há quatro estágios de classificação (DUPONT, 2019):

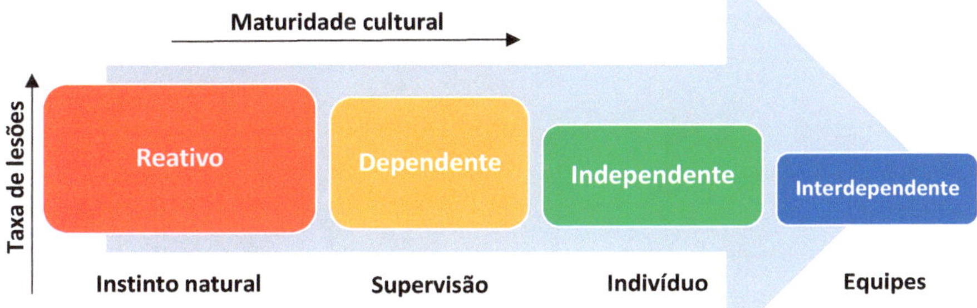

Figura 2. Curva *Bradley* – cultura de segurança da *DuPont*.
Fonte: Adaptado de *DuPont* (2019)

- **Reativo:** as pessoas não assumem responsabilidade e acreditam que a segurança é mais uma questão de sorte do que de gerenciamento e que "acidentes acontecem". Com o passar do tempo, acontecem mesmo;
- **Dependente:** as pessoas encaram a segurança como uma questão de seguir as regras elaboradas por alguém. As taxas de acidente diminuem e a equipe de gerenciamento acredita que a segurança poderia ser controlada "se as pessoas só seguissem as regras";
- **Independente**: as pessoas assumem a responsabilidade pela própria segurança e acreditam que podem fazer a diferença com suas ações. Os acidentes diminuem ainda mais;
- **Interdependente:** em uma cultura de segurança madura, a segurança é verdadeiramente sustentável, com taxas de lesões próximas de zero. As pessoas se sentem habilitadas a agir conforme necessário para trabalhar com segurança e assumem responsabilidade por si mesmo e pelos outros. Elas conversam ativamente com outros para entender seu ponto de vista. As decisões são tomadas no nível apropriado e as pessoas vivem de acordo com essas decisões. A empresa obtém benefícios significativos para os negócios por meio de maior qualidade, maior produtividade e aumento de lucros.

O nível de cultura da empresa depende dos esforços para o cumprimento efetivo das ações de prevenção, com a disponibilização dos recursos necessários e o engajamento da direção e de todos os trabalhadores.

Normalmente, observa-se que uma empresa vai aumentando gradativamente o seu nível de cultura, passando de um nível para o outro ao longo do tempo. Esse prazo depende da prioridade com que a saúde e segurança no trabalho é tratada dentro da empresa, da conscientização de seus trabalhadores que passam a ter um comportamento seguro e, principalmente, da melhoria das condições de trabalho, com a eliminação ou diminuição dos riscos de acidentes e doenças ocupacionais.

Veja mais sobre cultura de segurança em:

https://www.klb-engseguranca.com/2019/07/cultura-de-seguranca-do-trabalho.html

3. COMPORTAMENTO SEGURO

Comportamento seguro representa a realização de atividades em que o trabalhador saiba o que está fazendo, conheça os perigos e os riscos dessas atividades, foi capacitado adequadamente para executá-las, segue as regras de segurança e coloca em prática as medidas de controle necessárias para minimizar os perigos a níveis toleráveis.

Além disso, há situações que não foram previstas ou analisadas adequadamente e que o trabalhador, que possui uma boa percepção de riscos, consegue identificar que algo pode dar "errado" e neste caso, não realiza a atividade (exercendo o seu direito de recusa ao trabalho) sem antes envolver sua liderança e a área de segurança para avaliar e corrigir esta situação. Isto também é comportamento seguro.

A Recusa de tarefa, um direito garantido pelo trabalhador, deve ser incentivado quando se verifica que as medidas de controle necessárias para a realização de uma determinada atividade não está sendo cumprida. A seriedade na tratativa desses eventos, analisando a situação e criando as condições adequadas para a minimização dos perigos a níveis de riscos toleráveis é fundamental para o sucesso de um programa de prevenção de acidentes.

Enfim, comportamento seguro é a prática da não exposição do trabalhador a perigos, por iniciativa sua ou de seus colegas ou da sua liderança, sem que haja os controles adequados para minimizar os perigos a níveis de riscos toleráveis. Para isso, o trabalhador deve ser treinado, orientado, capacitado, conscientizado, comunicado, valorizado, ouvido, envolvido, reconhecido, respeitado e sempre lhe dado o exemplo pela sua liderança. E claro, que o ambiente de trabalho lhe permita condições adequadas de segurança e que a recusa de tarefas, quando ocorrer, seja de fato valorizada e as situações resolvidas. Somente assim, ele terá um comportamento seguro.

Outro fator importante: existe trabalhador que ao entrar pelo portão da empresa (como num passe de mágica) incorpora um falso comportamento seguro, mas, ao sair da empresa não pratica mais tal comportamento. Como por exemplo, fora da empresa: desrespeita as regras de trânsito, não tem cuidado com acidentes domésticos, realiza

atividades com alto grau de perigo sem as medidas de proteção adequadas, entre outras. Este tipo de trabalhador, pratica um falso comportamento seguro, pois, age desta forma somente enquanto se sentir vigiado dentro do trabalho, mas, quando estiver sozinho, com pressa ou pressionado pela sua liderança, em algum momento ele deixará de ter o comportamento seguro. E geralmente, é neste momento ocorrerem os acidentes.

Logo, temos que ter pessoas com comportamento seguro (que pratiquem esse comportamento a todo momento) e não trabalhadores que tenham comportamento seguro somente quando estão dentro da empresa. Acredito que este é o desafio: incorporar o comportamento seguro à vida das pessoas, transformando-o em valor, e não somente ao período laboral.

Porém, a segurança não deve ser fundamentada no comportamento seguro e sim, em condições de segurança adequadas e eficazes. Pois, ainda que tenhamos pessoas com comportamento seguro (que pratiquem tal comportamento a todo momento), todos somos seres humanos, que possuem sentimentos, falhas, descuidos, desatenção, doenças e outros fatores que podem gerar um desvio do comportamento seguro. Neste momento, as condições e os sistemas de segurança devem proteger o trabalhador. Claro que, o comportamento seguro dos trabalhadores aumenta o nível de segurança dentro do seu ambiente de trabalho, mas, não é o suficiente para se evitar acidentes.

Existem diversos programas que auxiliam na melhoria do comportamento seguro das pessoas. Como o comportamento é uma característica individual de cada ser humano, necessita-se de profissionais especializados para desenvolver um programa ajustado à demanda de cada empresa e detectar a necessidade de intervenção individual em pessoas que não tenham o perfil de seguir um comportamento seguro.

Reforçando, o desafio é incorporar o comportamento seguro na vida das pessoas e não somente no seu período laboral. Um fator relacionado ao comportamento seguro é a percepção de riscos. Quem tem esta característica bem desenvolvida, provavelmente se arriscará menos se tiver um comportamento seguro.

Veja mais sobre comportamento seguro em:

https://www.klb-engseguranca.com/2019/07/comportamento-seguro-comportamento.html?m=1

4. PERCEPÇÃO DE RISCOS

A percepção de riscos é uma característica desejada, visando contribuir para a prevenção de acidentes. Porém, ela depende da cognição de cada indivíduo, que é a forma como nosso cérebro percebe, aprende, lembra e pensa sobre toda a informação captada por meio dos cinco sentidos. É o processo de interação com o meio em que se vive e depende do seu conhecimento.

Um trabalhador não se preocupará em se expor ao monóxido de carbono por exemplo, sem saber que é um gás inodoro, incolor e tóxico, podendo levar à morte por asfixia quando inalado. A partir do momento que ele tem essa informação, provavelmente ele alterará o seu meio de interação com um ambiente que tenha monóxido de carbono no processo.

Ou seja, a percepção de riscos é uma característica que depende da capacitação, informação e conhecimento dos processos. No entanto, ainda há o pré-requisito da atenção, para que este atributo seja rotineiro nas atividades laborais. A falta de atenção pode ser originada por diversos fatores: stress, autoconfiança, cansaço, insônia, sonolência, problemas diversos (familiares, financeiros, de saúde, amorosos, entre outros), pressão no trabalho, enfim, várias causas que dependem de cada caso e indivíduo.

Portanto, é desejável que o trabalhador tenha uma boa percepção de riscos, atenção e pratique um comportamento seguro. Mas, como já relatado, as condições de trabalho são fundamentais, pois, são elas que protegerão o trabalhador quando houver uma falta de atenção por exemplo. Uma das ferramentas que pode auxiliar nesta questão é o *Poka Yoke*.

Veja mais sobre percepção de riscos em:

https://www.klb-engseguranca.com/2019/07/percepcao-de-riscos-percepcao-de-riscos.html

5. *POKA YOKE* NA SEGURANÇA DO TRABALHO

O Poka Yoke é uma técnica de gestão de qualidade baseada em soluções simples visando evitar as falhas em processos. Criada pelo engenheiro japonês Shigeo Shingo nos anos 1960, quando ele liderava a linha de produção da Toyota.

A metodologia do *Poka Yoke*, que significa "à prova de erros", consiste em:

1- Conhecer a falha;
2- Identificar as suas causas;
3- Sugerir soluções simples;
4- Verificar a eficácia da solução adotada;
5- Implantar a solução;
6- Registrar e acompanhar.

E o *Poka Yoke* pode ser aplicado à Segurança no Trabalho? Claro que sim! A metodologia é perfeitamente aplicável em qualquer área e pode ser utilizada para a prevenção de acidentes. Veja alguns exemplos abaixo de aplicação do *Poka Yoke*.

O conceito da NR-12 é um exemplo clássico de aplicação da metodologia do *Poka Yoke*. Todo o sistema de proteção da máquina deve ser projetado e funcionar de modo a evitar que um trabalhador se acidente, mesmo que ele por algum motivo burle o sistema de proteção ou por descuido ou desatenção e entre na zona de perigo da máquina ou equipamento. Neste momento, entra em ação o sistema projetado para evitar a ocorrência de acidentes. Este sistema deve possuir uma redundância para evitar que, se haja uma falha neste sistema principal de segurança, um sistema em paralelo detecte esta falha e não permita a exposição do trabalhador na zona de perigo. Cita-se como exemplo, a serra circular dotada de um sistema de parada imediata (*saw stop*). Mesmo que o operador da serra coloque a mão no disco por algum motivo, o sistema identifica o perigo por meio de um sensor elétrico, pausa o disco e o recolhe imediatamente, evitando o acidente.

Outro exemplo do conceito aplicado: um motorista alcoolizado, mesmo que ele queira dirigir, não conseguirá ligar o veículo sem antes comprovar que não está alcoolizado por meio de um teste realizado como pré-requisito para ligar o veículo. O veículo somente permite o seu funcionamento se o resultado do teste, realizado no próprio veículo, estiver dentro das condições toleráveis. Como forma de evitar a burla, já existe reconhecimento facial do trabalhador durante o teste e a condução do veículo, para evitar que uma pessoa que esteja apta faça o teste e outra pessoa dirija.

Muitos acidentes já ocorreram envolvendo o tráfego com caçamba levantada do caminhão. Mais uma vez, a metodologia *Poka Yoke* pode ser aplicada. O sistema de segurança que não permita trafegar com a caçamba levantada é mais um exemplo de evitar a falha, mesmo que o motorista não perceba e tente trafegar com a caçamba levantada, o veículo não permitirá o seu deslocamento antes de baixar a caçamba.

Por fim, cita-se mais um exemplo: acidentes com execução de formas metálicas, que podem tombar, cair sobre um trabalhador e prensá-lo. Entra em ação a metodologia do *Poka Yoke*: antes da instalação da forma metálica, instala-se um suporte para que, em caso de tombamento, ela fique apoiada neste suporte e não prense o trabalhador.

Portanto, o *Poka Yoke* é uma ferramenta poderosa que pode e deve ser utilizada (pelo menos o seu conceito) para evitar as falhas no processo e consequentemente, os acidentes. Importante: que o uso seja preventivo (antes da ocorrência de um acidente) e não corretivo (após a ocorrência do acidente).

Veja mais sobre *poka yoke* na segurança em:

https://www.klb-engseguranca.com/2019/04/poka-yoke-e-uma-tecnica-de-gestao-de.html?m=1

6. EXEMPLO DA LIDERANÇA

O exemplo foi sempre uma referência na vida das pessoas. Quem nunca pensou em ser como seu pai ou sua mãe? Quem nunca quis ser como uma pessoa que você admira?

No trabalho, a principal referência do trabalhador é a sua liderança. Não adianta ter um belo discurso e não praticar aquilo que se fala. É o famoso ditado popular: "faça o que eu falo, mas não faça o que eu faço".

Na prevenção de acidentes, o exemplo da liderança é fundamental. O líder deve dar o exemplo: ser organizado, planejar, avaliar as condições, seguir as regras, ter um comportamento seguro, ter uma boa percepção de riscos, valorizar a recusa de tarefas, resolver as situações que não estejam adequadas, criar condições seguras, envolver a área de segurança (sempre que necessário), priorizar a sua segurança e de sua equipe, ter bom relacionamento interpessoal, boa comunicação, ter conhecimento do processo, entre outras características (ufa...!!).

Mas, tudo isso é adquirido ao longo do tempo, com conhecimento e experiência. O bom líder está sempre se aperfeiçoando, se atualizando na busca de conhecimento e aprendendo com as experiências vividas por ele ou por outras pessoas. Por isso, um bom líder deve ser exemplo para os seus liderados.

Veja mais sobre exemplo da liderança na segurança em:

https://www.klb-engseguranca.com/2019/09/exemplo-da-lideranca-em-seguranca-do.html

7. HIERARQUIA DAS MEDIDAS DE CONTROLE

A implantação de medidas de controle dos perigos deve seguir uma hierarquia. Tanto a norma de gestão de saúde e segurança do trabalho (ISO 45.001 que substituiu a OSHAS 18.001) quanto as normas regulamentadoras determinam a aplicação desta hierarquia, como demonstra a **Figura 3.**

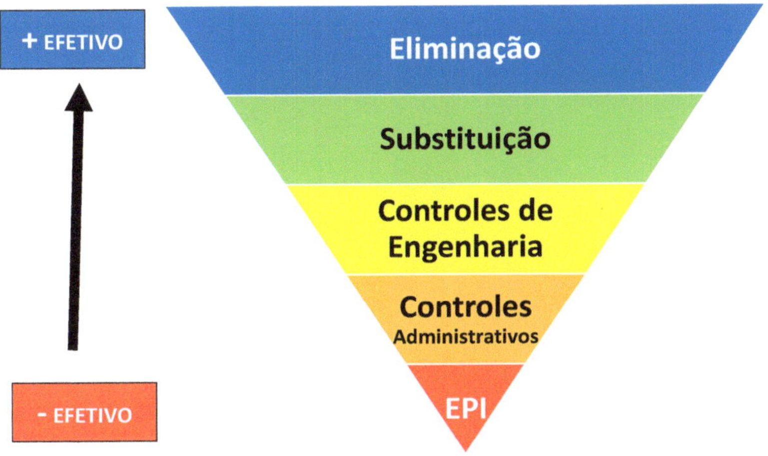

Figura 3. Hierarquia das medidas de controle.

1- **Eliminação**: não é a tarefa mais fácil, porém, é a mais efetiva. Quando se elimina o perigo, o risco de acidentes é zero. Como exemplo, cita-se uma tarefa que haveria a necessidade de trabalho em altura e alterando o processo de trabalho, elimina-se este perigo, realizando a tarefa no solo e não mais em diferença de nível (como trocar uma lâmpada: ao invés de subir numa escada para trocar uma lâmpada, utiliza-se um acessório e troca-se a lâmpada no solo – assim, não há mais o perigo de queda em altura e o risco é zero);

2- **Substituição**: como exemplo, pode-se trocar um produto químico mais agressivo à saúde do trabalhador por outro menos agressivo. A troca de uma máquina por outra mais segura pode ser outro exemplo;

3- **Controles de engenharia:** fazer alterações de engenharia eficazes no ambiente de trabalho para o controle adequado dos agentes, como por exemplo a implantação de ventilação local exaustora adequada para reduzir a concentração de contaminantes no ar. A implantação de equipamentos de proteção coletiva são bons exemplos de controle de engenharia, como por exemplo a implantação de guarda-corpo, linhas de vida e outros dispositivos;

4- **Medidas administrativas**: como exemplo cita-se o rodízio de trabalhadores nas tarefas, limitando o tempo de exposição a determinado agente, permanecendo sua exposição abaixo dos limites de tolerância. Outra ação seria a redução dos turnos de trabalhos, diminuindo a carga horária e consequentemente, o tempo de exposição dos trabalhadores a determinados agentes. A sinalização e capacitação também podem ser consideradas medidas administrativas, bem como, a elaboração de procedimentos a serem seguidos;

5- **Equipamentos de proteção individual**: fornecimento, capacitação e uso efetivo do EPI adequado é considerada a ação menos eficaz para a prevenção de acidentes, até porque, o EPI não evita a ocorrência dos acidentes, mas, pode proteger o trabalhador contra as possíveis lesões decorrentes do acidente.

Veja mais sobre hierarquia das medidas de controle em:

https://www.klb-engseguranca.com/2019/07/hierarquia-de-controle-de-riscos-em.html?m=1

8. INVESTIMENTO NA PREVENÇÃO

Quanto custa um acidente do trabalho? Obviamente que a resposta depende do tipo de acidente ocorrido e as consequências para o trabalhador. Mas, de acordo com os dados do Anuário Estatístico de Acidentes do Trabalho 2017 (MINISTÉRIO DA PREVIDÊNCIA, 2017), em média, em 2017 custou R$ 24.180,00/acidente.

Este custo refere-se somente aos custos da previdência social, relacionados com os auxílios (doença, acidente e suplementar) e aposentadorias. Falta ainda somar a este, os custos: de atendimento ao acidentado, tratamento médico, perda da produtividade, ações administrativas (inspeções de órgãos oficiais, defesas, reuniões, interdições, consultorias, entre outros), ações corretivas, processos na justiça (civil, trabalhista, criminal), entre outros.

Assim, o custo total de um acidente do trabalho grave com afastamento do trabalhador, considerando todos esses custos citados, de acordo com uma simulação realizada por alguns pesquisadores (EYERKAUFER *et al.*, 2017), seria de R$ 120.245,00/acidente. Neste mesmo estudo, os pesquisadores calcularam que, o custo da prevenção deste mesmo acidente era de R$ 56.085,33, ou seja, equivalente a 47% do custo total do acidente. Portanto, como diz o ditado popular: "melhor prevenir do que remediar".

Vale ressaltar ainda que, há diversas ações regressivas promovidas pela União contra as empresas, para cobrar os custos arcados pelo Governo Federal (atendimento ao acidentado, pagamento de auxílios, entre outros), com base na legislação vigente que determina que a empresa é responsável por oferecer um ambiente seguro ao trabalhador. Já há inclusive a transferência do pagamento da Previdência Social de aposentadoria por invalidez, decorrente de acidentes do trabalho, para as empresas, que passaram a ser responsáveis pelo pagamento do benefício ao trabalhador.

9. POLÍTICA, RESPONSABILIDADES E OBJETIVOS

Uma Política de Saúde e Segurança deve demonstrar o compromisso e os princípios que a empresa irá agir sobre o assunto, além de definir as responsabilidades dos envolvidos. Ela deve ser formalizada em um documento assinado pelo Líder de toda a empresa e divulgada a todos os trabalhadores.

Uma Política de Saúde e Segurança do Trabalho deve:

1. Ser apropriada à natureza e à escala dos perigos e níveis de riscos da empresa;
2. Incluir um compromisso de preservação da integridade física e prevenção da saúde dos trabalhadores e de melhoria contínua;
3. Estabelecer os objetivos, claros e alcançáveis (pode ser um documento a parte);
4. Definir os princípios adotados pela empresa para a prevenção de acidentes e doenças laborais;
5. Ser formalizada e documentada, divulgada, estar disponível e ser revisada sempre que necessário.

O compromisso deve ser assumido e praticado pela alta direção, disponibilizando os recursos necessários e liderando pelo exemplo. Assim, espera-se que este compromisso descrito na Política se transformará em ações práticas de todos os trabalhadores.

Os princípios estabelecidos devem se tornar valores incondicionais praticados por todos na empresa. Assim, o nível de cultura da empresa atingirá os níveis mais altos, obtendo resultados expressivos na prevenção de acidentes e doenças do trabalho, contribuindo para a melhoria do desempenho geral da empresa.

A definição das responsabilidades é fundamental. Descreve-se quais as responsabilidades de cada função, estabelecendo, de forma clara e objetiva, o papel de cada um dentro da empresa no âmbito da saúde e segurança do trabalho. Assim, com as responsabilidades definidas e a disponibilização dos recursos necessários, inicia-se a busca pelo desafio de manter os ambientes laborais seguros.

Como exemplo de responsabilidades para líderes de equipes, citam-se:

1. Instruir os trabalhadores a seguir práticas de trabalho seguras;
2. Cumprir os regulamentos de saúde e segurança aplicáveis;
3. Corrigir comportamentos inseguros e condições inseguras;
4. Garantir que apenas trabalhadores autorizados e adequadamente treinados operem equipamentos;
5. Relatar e investigar todos os incidentes;

6. Valorizar e resolver as situações com recusa de tarefa;
7. Inspecionar a própria área e tomar medidas preventivas para eliminar ou minimizar os perigos a riscos toleráveis;
8. Garantir que os equipamentos sejam mantidos em níveis de segurança adequados;
9. Promover a conscientização sobre segurança de seus liderados.

Veja mais sobre política de saúde e segurança do trabalho em:

https://www.klb-engseguranca.com/2019/09/politica-de-saude-e-seguranca-do.html

Para que a Política definida de SST - Saúde e Segurança do Trabalho seja colocada em prática, a empresa deve definir objetivos e metas como meio de alcançar o sonhado ambiente seguro, com todos os perigos controlados adequadamente e trabalhadores livres de serem acometidos por doenças ocupacionais.

A definição de objetivos e metas deve ser coerente com o porte e ações das empresas. Devem ser mensuráveis, com prazos e responsabilidades definidas e serem atingíveis.

Não se deve colocar metas e objetivos relacionados ao cumprimento de requisitos legais, pois, estes já são uma obrigação da empresa.

Lembrando alguns conceitos importantes:

- **Objetivo** é a descrição daquilo que se pretende alcançar;
- **Metas** é a definição em termos quantitativos, com prazo determinado;
- Como exemplo: o objetivo é ficar rico e a meta é ganhar US$ 10 milhões até 2025. Outro exemplo: o objetivo é emagrecer e a meta é perder 20 Kg em 5 meses.

Os objetivos e metas devem ser estabelecidos pela alta direção da empresa. Sempre será possível estabelecer novos objetivos e metas, pois, sempre haverá oportunidades de melhoria nos processos. As inovações tecnológicas são ferramentas que podem auxiliar neste aspecto, simplificando ou modificando os processos, podendo favorecer a produtividade, diminuir custos e aumentar a segurança dos trabalhadores.

Os indicadores são ferramentas utilizadas para auxiliar o acompanhamento e verificação do desempenho de SST. Por exemplo, o IQCT – Índice da Qualidade das Condições de Trabalho, um indicador baseado na quantidade de perigos controlados e que foram classificados em níveis de risco, de forma que, a empresa que tiver mais perigos em níveis aceitáveis ou toleráveis, terá um IQCT maior e em níveis inaceitáveis ou intoleráveis, terá um IQCT menor.

Na gestão de SST, os objetivos e metas eram na sua maioria, reativos. Como por exemplo, as famosas taxas de acidentes (frequência e gravidade), pois, mediam o desempenho de eventos indesejáveis que já ocorreram. Mas, observa-se uma mudança para indicadores preventivos. Como por exemplo, o IQCT citado acima, % ações preventivas resolvidas, % atendimento a requisitos legais, entre outros.

10. GRO – GERENCIAMENTO DE RISCOS OCUPACIONAIS

O GRO – Gerenciamento de Riscos Ocupacionais, instituído pela nova NR-1, visa identificar todos os perigos existentes na empresa e realizar o seu gerenciamento de forma a controlá-los e mantê-los a níveis toleráveis e atendendo os requisitos legais aplicáveis, ou seja, é um processo de gerenciamento contínuo e dinâmico.

O GRO são todas as ações integradas para o gerenciamento dos riscos ocupacionais, fazendo parte dele: PGR – Programa de Gerenciamento de Riscos, Gestão da NR-10 (serviços com eletricidade), Gestão da NR-33 (espaços confinados), Gestão da NR-35 (trabalho em altura) Gestão da NR-12 (máquinas e equipamentos) e todas as demais gestões de normas regulamentadoras e requisitos legais que sejam aplicáveis à empresa. Logo, o GRO seria o guarda-chuva dos riscos ocupacionais harmonizando todas as ações para controle dos mesmos sob o seu processo.

Existem diferenças entre GRO e Gestão de SST – Saúde e Segurança do Trabalho. O GRO é um processo operacional com foco no ambiente de trabalho, limitado aos perigos nele existente, a curto e médio prazo. Já uma gestão de SST é um processo estratégico, a longo prazo, geralmente baseado numa norma de gestão, sendo a mais utilizada a ISO 45.001. O GRO está inserido dentro da gestão de SST. E claro, se uma empresa tem um sistema de gestão implantado, baseado em alguma norma, consequentemente ela terá o GRO atendido pelos requisitos desta norma.

11. OBJETIVOS E CONSIDERAÇÕES DO PGR

O PGR – Programa de Gerenciamento de Riscos tem o objetivo de reduzir o risco de ocorrência de incidentes e doenças laborais nos trabalhadores, controlando os perigos existentes e tornando os ambientes seguros. Para isso, alguns objetivos específicos necessitam serem alcançados:

- Conhecer os perigos e avaliar os riscos de suas atividades;
- Implantar medidas de controle adequadas e eficazes;
- Monitorar e avaliar os resultados para correção (quando necessário);
- Aumentar o nível de percepção de riscos dos trabalhadores;
- Incorporar o comportamento seguro nas pessoas.

Para alcançar esses objetivos, este guia para elaboração do PGR se divide em algumas etapas que devem ser seguidas. A visão prática está na otimização de tempo e recursos, com foco na realização do planejamento prévio e implantação de ações com melhor relação de benefício versus custos.

O PGR deve ser um programa dinâmico, baseado no ciclo PDCA (em inglês: Plan, Do, Check e Act; em português: Planejar, Executar, Acompanhar/Verificar e Avaliar/Corrigir), contínuo, sem data de validade, deve ter a participação e ser divulgado aos trabalhadores envolvidos e o mais importante: implantado efetivamente, seguindo as ações estabelecidas.

A implantação do PGR na sua empresa, pode ser elaborado e implantado por unidade, setor ou atividade, dependendo do seu porte. Esta definição está diretamente ligada à complexidade de suas atividades, à sua organização do trabalho, à natureza do seu processo produtivo, à natureza de seus perigos e riscos, enfim, o PGR deve ser compatível com a empresa, permitindo realizar o gerenciamento dos riscos de forma satisfatória. O PGR deve ser objetivo, claro e que permita o seu entendimento facilmente.

Importante ainda ressaltar que: PGR, LTCAT, Laudo de insalubridade e Periculosidade são documentos distintos e com objetivos diferentes.

O PGR visa controlar os perigos existentes na empresa, evitar acidentes e doenças ocupacionais, transformando o ambiente laboral num local seguro para o desenvolvimento das atividades dos trabalhadores.

O LTCAT – Laudo Técnico de Condições Ambientais do Trabalho é um documento relacionado à legislação previdenciária, com o objetivo de identificar as atividades enquadradas com direito a aposentadoria especial, de acordo com a Lei 8213/2013 e as suas alterações. O PPP – Perfil Profissiográfico Previdenciário, emitido para cada trabalhador, está relacionado com o LTCAT.

Veja mais sobre LTCAT em:

https://www.klb-engseguranca.com/2020/10/laudo-tecnico-das-condicoes-ambientais.html

Já o Laudo de Insalubridade possui o objetivo de identificar as atividades insalubres, definindo os respectivos adicionais de insalubridade (10%, 20% ou 40%). A base legal para elaboração deste Laudo é a NR-15. O objetivo de uma empresa deve ser eliminar as atividades insalubres, adotando medidas de controle adequadas. O adicional de insalubridade é devido ao trabalhador somente enquanto ele estiver exposto à atividade considerada insalubre. Cessando tal exposição, cessa-se o direito ao respectivo adicional.

Veja mais sobre Insalubridade em:

https://www.klb-engseguranca.com/2019/11/adicional-de-insalubridade-o-direito-ao.html?m=1

O Laudo de Periculosidade possui o objetivo de definir as atividades perigosas, cujo trabalhador exposto tem o direito ao adicional de periculosidade. A base legal para a elaboração deste Laudo é a NR-16. As atividades consideradas perigosas não são passíveis de eliminação, pois, são inerentes à estas atividades, com risco de morte ou sequelas graves para o trabalhador exposto. Assim como a insalubridade, o trabalhador tem o direito ao adicional de periculosidade enquanto estiver laborando exposto ao agente perigoso. Cessando tal exposição, cessa-se o direito ao respectivo adicional.

Veja mais sobre Periculosidade em:

https://www.klb-engseguranca.com/2019/11/adicional-de-periculosidade-o-direito.html?m=1

12. ETAPAS DO PGR

Como já dito inicialmente, a prevenção de acidentes e doenças no trabalho inicia-se no planejamento e depois na implantação de ações efetivas. O PGR possui 5 etapas. As duas primeiras etapas do PGR referem-se ao planejamento, chamado de Inventário de riscos, e as etapas seguintes às ações efetivas, chamado de Plano de ação, como demonstra a **Figura 4.**

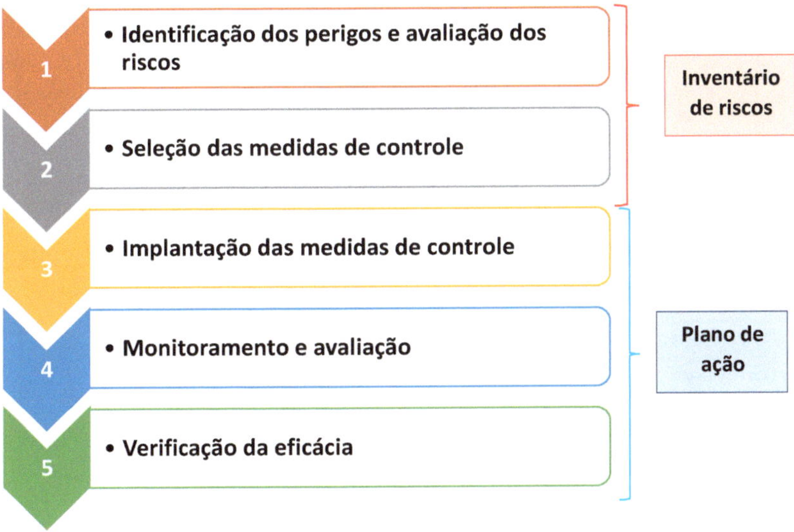

Figura 4. Etapas do PGR.

Na sequência, detalha-se essas etapas de forma prática e objetiva, visando atingir os objetivos do PGR.

12.1. Identificação dos perigos e avaliação dos riscos

Inicia-se pelo levantamento de processos, ambientes e atividades desenvolvidas na empresa. Em seguida, realiza-se o levantamento preliminar dos perigos inerentes às estas atividades. A identificação dos perigos com informações sobre a sua fonte geradora, as possíveis consequências ao trabalhador, a quantidade de pessoas expostas, suas funções e o tipo de exposição, é o próximo passo. E finalmente, a avaliação dos riscos para definir as necessidades de implantação das medidas de controle na próxima etapa do PGR.

12.1.1. Levantamento de processos, ambientes e atividades

Inicia-se a elaboração do **Inventário de Riscos**, correspondente ao P de Planejar do ciclo PDCA. do O primeiro passo é levantar os processos, ambientes e atividades da empresa.

Em toda empresa, é possível definir as entradas, os processos e o produto/serviço entregue. Os processos são desenvolvidos em um ou mais ambientes, com a realização das atividades para a transformação das entradas (insumos) no produto final da empresa, utilizando máquinas e equipamentos e a mão de obra do trabalhador.

Como forma de exemplificar a identificação dos processos, ambientes e atividades, imagina-se uma padaria fictícia, conforme a **Tabela 1**.

Tabela 1. Identificação dos processos, ambientes e atividades de uma padaria fictícia.

Processos	I	II	III
	Planejamento e Controle	Produção	Vendas
Ambientes	Escritório (A) Depósito (B) Câmara fria (C)	Área de Produção (A)	Salão de vendas (A)
Atividades	• Compras (01) • Recebimento (02) • Controle estoque (03) • Controle da produção (04) • Controle de vendas (05)	• Produção de pães (01) • Produção de quitandas e bolos (01)	• Exposição dos produtos (01) • Atendimento aos clientes (02) • Recebimento – caixa (03)

No exemplo apresentado acima, a empresa fictícia possui três processos distintos. Em cada um dos processos, há ambientes distintos e diversas atividades. Porém, pode haver casos com dois ou mais processos em um mesmo ambiente. Em cada processo, há atividades desenvolvidas. Uma atividade pode ser realizada em um ou mais ambientes. Enfim, cada empresa possui a sua particularidade, sua organização de trabalho, seu layout, etc. O importante é mapear os processos, todos os ambientes e todas as atividades desenvolvidas, afim de não deixar nenhuma atividade sem gerenciamento, mesmo que esta atividade não seja oficialmente reconhecida pela empresa.

Após o levantamento das atividades, deve-se mapear quais as funções envolvidas em cada atividade, caracterizando-as com as tarefas realizadas, insumos, equipamentos e máquinas envolvidas, layouts, organização do trabalho, fluxogramas, entre outras informações relevantes que possam auxiliar no levantamento dos perigos.

12.1.2. Levantamento preliminar de perigos

Na sequência, realiza-se o levantamento preliminar dos perigos, equivalente a um diagnóstico inicial, levando-se em consideração os perigos internos da empresa, inerentes às atividades identificadas, bem como os possíveis perigos externos da empresa que podem atingir suas instalações e seus trabalhadores.

Lembrando alguns conceitos importantes:

- **Perigo** é a condição para que um determinado incidente possa ocorrer, podendo causar lesões e/ou danos;
- **Risco** é a probabilidade de um dado perigo se transforme em incidente, levando-se em consideração duas dimensões: frequência e gravidade.

A identificação preliminar dos perigos nas atividades é o primeiro passo. Uma referência para identificar os perigos são as normas regulamentadoras, que definem vários deles: eletricidade (NR-10), movimentação de cargas (NR-11), máquinas e equipamentos (NR-12), vasos de pressão (NR-13), fornos (NR-14), ergonomia (NR-17), explosivos (NR-19), inflamáveis (NR-20), espaços confinados (NR-33) e trabalhos em altura (NR-35). Além delas, todas as demais exigências legais que definem outros perigos aplicáveis à empresa, servem de referência para identificar os perigos existentes.

Ressalta-se que, em caso de atividades novas, que ainda não iniciaram, deve-se realizar o exercício de projetar os cenários futuros e imaginar os perigos. Depois do início destas atividades, recomenda-se reavaliar os cenários para ajustes necessários. Da mesma forma, para situações de mudanças nos processos. Já nas atividades em andamento (grande maioria dos cenários), a identificação dos perigos deve ser realizada in loco, observando as atividades, históricos de acidentes e de doenças ocupacionais, relatórios de auditorias, laudos ambientais e ergonômicos, laudos periciais, programas (proteção auditiva, respiratório, controle de benzeno, entre outros) e demais documentos que possam auxiliar nesta tarefa. Em todos os cenários, a participação dos trabalhadores é fundamental.

Diferentemente do PPRA (que deixará de existir), que focava em três agentes ambientais (físicos, químicos e biológicos), o PGR é mais abrangente, incluindo além deles, os agentes ergonômicos e de acidentes ou mecânicos:

- **Físicos**: ruído, vibração, pressões anormais, temperaturas extremas (frio e calor), umidade, radiações (ionizantes e não ionizantes);
- **Químicos**: substâncias, produtos ou compostos químicos, poeiras, fumos, vapores, gases, névoas, neblinas;
- **Biológicos**: bactérias, vírus, micro-organismos, fungos, bacilos, parasitas, protozoários, entre outros;
- **Ergonômicos:** fatores relacionados à aspectos psicológicos e fisiológicos, em virtude da adaptação do ambiente de trabalho às necessidades, habilidades e limitação do trabalhador;
- **Mecânicos ou Acidentes:** envolvendo outros agentes como máquinas e equipamentos, quedas (mesmo nível, diferença de nível, de materiais), choque elétrico, incêndios, explosões, eletricidade, acidentes de trânsito, espaços confinados, entre outros, que podem causar incidentes.

A ciência que estuda os agentes ambientais é a higiene ocupacional, que tem como objetivo de prevenir doenças relacionadas ao trabalho decorrentes dos agentes presentes no ambiente laboral. No entanto, o seu foco é nos agentes: físicos, químicos e biológicos.

Veja mais sobre higiene ocupacional em:

https://www.klb-engseguranca.com/2019/07/higiene-ocupacional-higiene-ocupacional.html?m=1

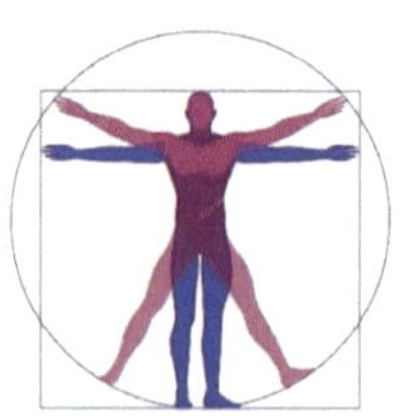

Os agentes ergonômicos e de acidentes são estudados separadamente da higiene ocupacional, porém, são tão importantes quanto os demais. A Ergonomia é a ciência que estuda a interação do trabalhador com os elementos do seu trabalho, entre eles: mobiliários, movimentos e posturas corporais, levantamento de cargas, ferramentas, máquinas e equipamentos, entre outros. O seu objetivo é orientar que esta interação seja realizada preservando a saúde e a integridade física do trabalhador.

Veja mais sobre ergonomia em:

https://www.klb-engseguranca.com/2019/04/ergonomia-ergonomia-tratada-na-nr-17-e.html?m=1

Os agentes mecânicos ou de acidentes, são aquelas situações que envolvem os demais perigos não enquadrados nos agentes anteriores (físicos, químicos, biológicos e ergonômicos). Nos agentes mecânicos estão incluídas as principais causas de morte de trabalhadores: queda em altura, choque elétrico, queda de materiais, acidentes com máquinas/equipamentos, entre outros. E por isso, merecem avaliações minuciosas com o objetivo de criar condições seguras de trabalho, que não dependam do comportamento do trabalhador.

Veja mais sobre agentes mecânicos ou de acidentes em:

https://www.klb-engseguranca.com/2019/10/agentes-mecanicos-ou-de-acidentes-os.html

A melhor forma de identificação dos perigos é por atividade. Uma atividade pode envolver diversas funções e assim, o levantamento será otimizado, evitando a repetição do mesmo perigo em várias funções. E mais, em uma atividade pode abranger várias tarefas. A participação dos trabalhadores é fundamental nesta etapa. São eles quem conhecem os mínimos detalhes dos processos, onde e como ocorrem as falhas. Ouça, converse, questione, seja curioso, abra armários, portas, entre em todos os lugares, faça uma análise minuciosa. Somente assim, consegue-se fazer um levantamento dos perigos de forma mais abrangente, evitando deixar situações sem análise.

Se possível, realize esta etapa utilizando uma equipe multidisciplinar: técnico e engenheiro de segurança, técnico de enfermagem, médico do trabalho, ergonomista, higienista, entre outros, podem compor esta equipe.

Realize o levantamento por atividade em cada ambiente do processo, identificando os perigos existentes. Algumas perguntas podem auxiliar nesta ação:

- O que pode dar errado?
- Quais as consequências?
- Como podem surgir?
- Quais fatores contribuem?
- Quem está exposto?
- Qual a frequência desta exposição?

Importante ressaltar que a descrição do perigo deve ser a mais precisa e detalhada possível, afim de permitir o entendimento da situação e o posterior aprofundamento, avaliação do seu nível de risco e se necessário, seleção de medidas de controle adequadas.

Continuando com a padaria fictícia, exemplifica-se na **Tabela 2**, o levantamento preliminar de perigos de duas das atividades levantadas anteriormente.

Tabela 2. Levantamento preliminar de perigos de algumas atividades de uma padaria fictícia

Levantamento Preliminar 1		
Processo		Produção
Ambiente		Área de Produção
Atividade		Produção de pães
Perigos	Físicos	Ruído, calor
	Químicos	Poeira vegetal da farinha de trigo
	Biológicos	Sistema de climatização
	Ergonômicos	Postura em pé, repetitividade, mobiliários inadequados, layout inadequado, transporte e movimentação de cargas manuais, iluminação inadequada, conforto térmico
	Acidentes	Queda em mesmo nível, acidentes com máquinas sem proteção, corte com facas ou utensílios, choque elétrico, incêndio, explosão, contato superfícies quentes
Levantamento Preliminar 2		
Processo		Vendas
Ambiente		Salão de vendas
Atividade		Atendimento ao cliente
Perigos	Físicos	Ruído
	Químicos	Não identificado
	Biológicos	Sistema de climatização
	Ergonômicos	Postura em pé, repetitividade, mobiliários inadequados, layout inadequado, iluminação inadequada, conforto térmico
	Acidentes	Queda em mesmo nível, corte com facas ou utensílios, incêndio

No exemplo apresentado acima, foi realizado o levantamento preliminar de duas atividades da empresa fictícia. No PGR, todas as atividades devem ter o seu levantamento preliminar. Em cada levantamento, identifica-se os perigos, classificados de 5 tipos (físicos, químicos, biológicos, ergonômicos e mecânicos). Importante que, todos os perigos estejam apontados neste levantamento inicial, sendo ele relevante ou não. Os perigos relacionados com outras NR´s devem ser apontados, como espaço confinado, trabalho em altura, máquinas e equipamentos, eletricidade, vasos de pressão, entre outros. Portanto, nesta etapa deve-se apontar todos os perigos possíveis inerentes à respectiva atividade. Por este motivo, reforça-se o desenvolvimento do PGR por uma equipe multidisciplinar.

Reforçando os conceitos utilizados:

- **Perigo relevante** é aquele que realmente pode causar lesões e/ou danos. Por exemplo: pode-se identificar um ruído no ambiente de trabalho proveniente de uma fonte geradora externa à empresa, porém, se este ruído estiver abaixo do limite de tolerância e abaixo no nível de ação, ele não causará lesão ao trabalhador, passando a ser considerado irrelevante.

Para isso, o perigo levantado de forma preliminar nesta etapa, será avaliado de forma mais profunda e classificado como relevante ou irrelevante. Quando um perigo é considerado irrelevante, ele não deverá ser avaliado nem tão pouco passível de implantação de medidas de controle.

12.1.3. Identificação dos perigos

Com base no levantamento preliminar dos perigos, realiza-se um aprofundamento para saber se realmente tal perigo realmente deve ser considerado como um agente relevante ou não.

Assim, as avaliações ambientais, em atendimento à nova NR-9, e ergonômicas, em atendimento à NR-17, já devem estar disponíveis para definir se tais perigos é relevante ou não.

12.1.3.1. Avaliações ambientais

As avaliações ambientais da higiene ocupacional já devem ter sido realizadas, fornecendo os resultados de cada agente (se estão acima dos limites de tolerância ou se estão abaixo deles – acima ou não do nível de ação). Para isso, estas avaliações devem ser planejadas e realizadas, de preferência por higienistas ocupacionais, considerando:

- Estratégia de amostragem;
- Seguir uma metodologia de avaliação (NHO – Norma de Higiene Ocupacional ou outras normas internacionais);
- Observar os limites de tolerância e níveis de ação estabelecidos na NR-15 ou, na ausência, na ACGIH - *American Conference of Governmental Industrial Hygienists;*
- Realizar as medições quantitativas e qualitativas necessárias;
- Utilizar equipamentos calibrados;
- Avaliar os resultados obtidos nas medições;
- Definir se o agente avaliado (perigo) é relevante ou não.

Veja mais sobre estratégia de amostragem em:

https://www.klb-engseguranca.com/2019/08/estrategia-de-amostragem-higiene.html

Como exemplo, apresenta-se na **Tabela 3**, os resultados fictícios de algumas das possíveis avaliações ambientais das atividades de uma padaria hipotética.

Tabela 3. Resultados das avaliações ambientais da padaria fictícia.

Agente avaliado:	Ruído
Processo:	Produção
Ambiente:	Área de produção
Atividade:	Fabricação de pães
Grupo de exposição:	03 trabalhadores – GES 01
Resultado da Medição:	78,7 dB(A)
Limite Tolerância:	85 dB (A), para 8 horas diárias
Resultado:	(X) Abaixo do LT ( ) Abaixo do LT – Acima do Nível de Ação ( ) Acima do LT
Relevante:	( ) Sim (X) Não
Metodologia utilizada:	NHO-01
Dados Laudo:	Data: ____/____/____ Responsável elaboração: _________________________ Arquivo:

Agente avaliado:	Calor
Processo:	Produção
Ambiente:	Área de produção
Atividade:	Fabricação de pães
Grupo de Exposição:	03 trabalhadores – GES 01
Resultado da Medição:	$IBTUG_{médio}$ = 29,8
Limite Tolerância:	$IBUTG_{máx}$ = 30,9
Resultado:	( ) Abaixo do LT (X) Abaixo do LT – Acima do Nível de Ação ( ) Acima do LT
Relevante:	(X) Sim ( ) Não
Metodologia utilizada:	NHO-06
Dados Laudo:	Data: ____/____/____ Responsável elaboração: ____________________ Arquivo:
Agente avaliado:	Poeira vegetal da farinha de trigo
Processo:	Produção
Ambiente:	Área de produção
Atividade:	Fabricação de pães
Grupo de Exposição:	03 trabalhadores – GES 01
Resultado da Medição:	2,8 mg/m³
Limite Tolerância:	4 mg/m³
Resultado:	( ) Abaixo do LT (X) Abaixo do LT – Acima do Nível de Ação ( ) Acima do LT
Relevante:	(X) Sim ( ) Não
Metodologia utilizada:	NHO-08
Dados Laudo:	Data: ____/____/____ Responsável elaboração: ____________________ Arquivo:

No exemplo apresentado acima, foram apresentados três resultados fictícios de avaliação de agentes ambientais: ruído, calor, poeira vegetal. A dose de ruído gerado pelos equipamentos utilizados, identificado preliminarmente, resultou num valor abaixo do limite de tolerância e do nível de ação. Logo, foi considerado irrelevante, não devendo seguir os próximos passos do PGR. Já o calor, foi considerado relevante, por ter resultado acima do nível de ação. Da mesma forma, a exposição à poeira vegetal da farinha de trigo apresentou resultado abaixo do limite de tolerância, porém, acima do nível de ação e foi considerada relevante neste caso, seguindo para as próximas etapas do PGR.

12.1.3.2. Avaliações ergonômicas

Existem várias metodologias que podem ser utilizadas para a realização das avaliações ergonômicas. A melhor condição é que estas avaliações sejam realizadas por uma equipe de ergonomistas, emitindo o AET – Análise Ergonômica do Trabalho.

No entanto, caso não seja possível inicialmente, a OIT – Organização Internacional do Trabalho publicou um livro (republicado em português pela Fundacentro) para ser utilizado como um guia, com 132 verificações ergonômicas, passando por 9 assuntos:

- Manipulação e armazenagem de materiais;
- Ferramentas manuais;
- Segurança do maquinário;
- Design do posto de trabalho;
- Iluminação;
- Instalações;
- Substâncias e agentes perigosos;
- Instalações de bem estar;
- Organização do trabalho.

Desta forma, pode-se realizar esta verificação ergonômica seguindo estas diretrizes da OIT, que já permitirá um diagnóstico mínimo da empresa em relação às questões ergonômicas. Porém, reafirma-se que as avaliações ergonômicas não estão limitadas somente à estas 132 verificações, mas sim, devem ser aprofundadas e avaliar por completo todos os aspectos da relação entre a postura do trabalhador em suas atividades e o ambiente envolvido, além das circunstâncias das atividades e os fatores psicossociais e cognitivos, de preferência por uma equipe de ergonomistas. Tal verificação, orientada pela OIT, serviria apenas como um pontapé inicial.

Faça o download do livro: Pontos de Verificação Ergonômica, em português em:

https://drive.google.com/file/d/1_VVlMBS3
Aflxv7xkziDDPS1d09sHHJmX/view

Como exemplo, apresenta-se alguns pontos de verificação na **Tabela 4** de uma padaria hipotética.

Tabela 4. Resultados da verificação de alguns pontos ergonômicos da padaria fictícia.

Pontos de Verificação Ergonômica		
Ponto de Verificação Ergonômica 2	Manter as passagens e os corredores com largura suficiente para permitir um transporte de mão dupla	
Propõe alguma ação? (X) Sim ( ) Não ( ) Prioritário	Observação: Retirar painel de registro eletrônico de ponto do corredor	
Ponto de Verificação Ergonômica 25	Providenciar ferramentas manuais com suportes que tenham fricção adequada ou com dispositivos de segurança ou retenção que evitem que deslizem ou escapem	
Propõe alguma ação? (X) Sim ( ) Não ( ) Prioritário	Observação: Substituir facas antigas por novas, que já possuam formato anatômico e evitem que deslizem ou escapem	
Ponto de Verificação Ergonômica 41	Utilizar símbolos somente se eles forem facilmente compreendidos pelos trabalhadores do lugar	
Propõe alguma ação? ( ) Sim (X) Não ( ) Prioritário	Observação: Toda sinalização está adequada.	
Ponto de Verificação Ergonômica 56	Assegurar-se de que o trabalhador possa permanecer de pé com naturalidade, apoiado sobre ambos os pés, realizando o trabalho próximo e diante do próprio corpo	
Propõe alguma ação? ( ) Sim ( ) Não (X) Prioritário	Observação: Adquirir bancadas com alturas reguláveis para minimizar a diferença de altura dos trabalhadores	
Ponto de Verificação Ergonômica 66	Iluminar os corredores, escadas, rampas e demais áreas onde as pessoas possam andar ou trabalhar	

Propõe alguma ação? ( ) Sim (X) Não ( ) Prioritário	Observação: Avaliação de iluminação está dentro dos padrões de referência.	
Ponto de Verificação Ergonômica 75	Isolar ou eliminar as fontes de calor ou de frio	
Propõe alguma ação? ( ) Sim ( ) Não (X) Prioritário	Observação: Instalar barreiras físicas próximas aos fornos	
Ponto de Verificação Ergonômica 90	Assegurar-se de que as conexões dos cabos dos pontos de luz e equipamentos sejam seguras	
Propõe alguma ação? (X) Sim ( ) Não ( ) Prioritário	Observação: Aumentar a quantidade de tomadas disponíveis e eliminar o uso de adaptadores	
Ponto de Verificação Ergonômica 96	Providenciar áreas para comer, locais de descanso e bebedouros, a fim de assegurar o bem-estar e uma boa realização do trabalho	
Propõe alguma ação? ( ) Sim (X) Não ( ) Prioritário	Observação: Os locais estão adequados, atendendo à NR-24.	
Ponto de Verificação Ergonômica 115	Levar em consideração as habilidades dos trabalhadores e suas preferências na hora de designar as pessoas para trabalhos e oferecer-lhes oportunidades para aprender novas habilidades	
Propõe alguma ação? (X) Sim ( ) Não ( ) Prioritário	Observação: Realizar capacitação para aumentar o nível de conhecimento e produtividade	

Ilustrações: OIT/Fundacentro (2018).

No exemplo apresentado acima, foram algumas verificações ergonômicas fictícias de uma padaria. Algumas verificações resultaram em ações necessárias, outras sem necessidade de ações e algumas com ações prioritárias. Nas verificações que resultaram ações necessárias, elas deverão seguir nas próximas etapas da PGR, enquanto que, nas verificações sem necessidade de ações, elas são consideradas irrelevantes e assim, não seguem os próximos passos do PGR.

As avaliações de iluminação devem seguir os procedimentos estabelecidos na NHO-11 (Norma de Higiene Ocupacional), que também define os limites de referência, tanto para o nível de iluminamento (E) quanto para a qualidade da luz (IRC/Ra). O IRC - Índice de Reprodução de Cor ou Ra na descrição das lâmpadas, serve para demonstrar o quanto determinada luz permite visualizar as cores com precisão. A NHO-11 não recomenda IRC/Ra inferior a 80 lux em locais onde as pessoas trabalham por longos períodos.

Veja mais sobre iluminação em postos de trabalho em:

https://www.klb-engseguranca.com/2019/05/iluminacao-nos-postos-de-trabalhos.html

Como exemplo, apresenta-se na **Tabela 5** alguns resultados de medição de iluminação de uma padaria hipotética.

Tabela 5. Resultados da verificação de alguns pontos de iluminação da padaria fictícia.

Avaliação de iluminação				
Local ou Atividade	**Medição (lux)**		**Referência (lux)**		**Observação:**
	E	**IRC/Ra**	**E**	**IRC/Ra**	
Área preparo de massa	392	96	300	80	Atende norma
Área do forno	285	32	200	40	Atende norma
Área de finalização	428	68	500	80	Aumentar potência lâmpadas
Caixa	398	72	500	80	Aumentar potência lâmpadas
Balcão de atendimento	423	88	300	80	Atende norma
Metodologia: NHO 11	Data:		Responsável:		

No exemplo apresentado acima, foram apresentadas algumas avaliações fictícias de iluminação de uma padaria. Nos resultados, há locais que atendem a norma de referência e outros não. Assim, nas atividades desenvolvidas nos locais com deficiência de iluminação, este perigo deve ser considerado relevante e constar nos próximos passos do PGR. Já as atividades desenvolvidas nos locais com iluminação adequada, que atende à norma de referência, este perigo é considerado irrelevante e não há necessidade de seguir os próximos passos do PGR.

O conforto térmico depende de quatro variáveis: temperatura de bulbo seco, temperatura de bulbo úmido, da velocidade do ar e do tipo de atividade (leve, moderada ou pesada). Com estas informações, de uma forma simplificada, calcula-se a temperatura efetiva no nomograma da **Figura 5**, para pessoas normalmente vestidas. Para outras condições, deve-se realizar o cálculo conforme a norma ISO 7730/2005.

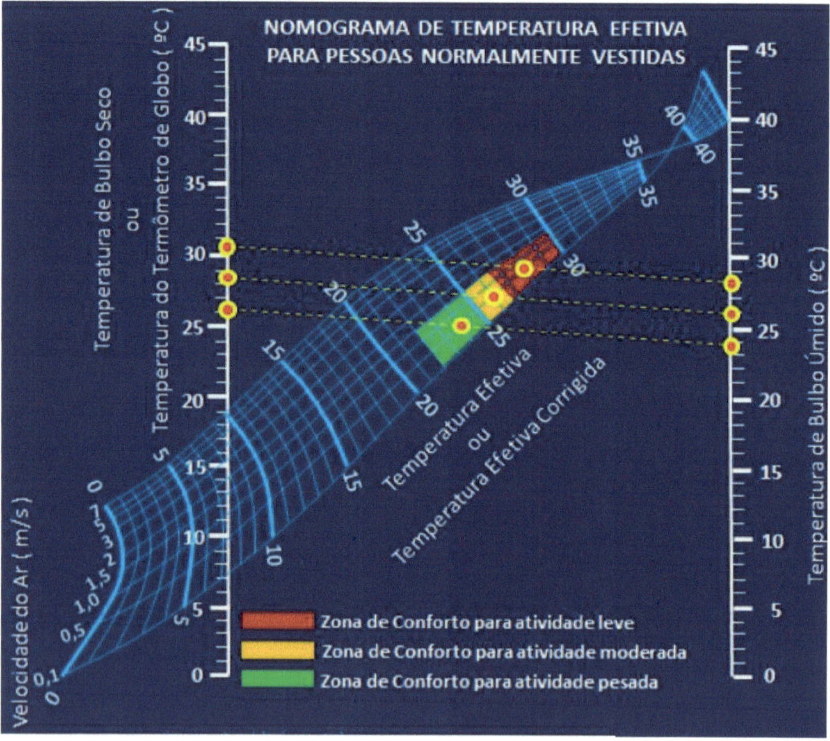

Figura 5. Nomograma da temperatura efetiva (Tef).
Fonte: Site: www.aviculturaindustrial.com.br

Veja mais sobre conforto térmico em:

https://www.klb-engseguranca.com/2019/11/conforto-termico-nos-ambientes-de.html

Como exemplo, apresenta-se na **Tabela 6,** os resultados das avaliações realizadas de conforto térmico de uma padaria fictícia.

Tabela 6. Resultados das avaliações de conforto térmico de uma padaria fictícia.

Avaliação Conforto Térmico					
Local	TBS (°C)	TBU (°C)	Vel Ar (m/s)	Temp Efet (°C)	Tipo de atividade	Observação:
Área de produção	32	24	1,0	26	Moderada	Não Atende norma
Escritório	26	21	0,1	23	Leve	Atende norma
Salão de vendas	25	22	0,5	23	Leve	Atende norma
Data:				Responsável:		

No exemplo apresentado acima, foram apresentadas algumas avaliações fictícias de conforto térmico de uma padaria. Nos resultados, há locais que atendem a norma de referência e outros não. Assim, nas atividades desenvolvidas nos locais sem conforto térmico adequado, este perigo deve ser considerado relevante e constar nos próximos passos do PGR. Já as atividades desenvolvidas nos locais com conforto térmico adequado, que atende à norma de referência, este perigo é considerado irrelevante e não há necessidade de seguir os próximos passos do PGR.

12.1.3.3. Tipos de exposição

Há três tipos que se pode classificar a exposição do trabalhador a um determinado agente: permanente, intermitente e eventual. Porém, não há nenhuma definição legal, até o momento, que estabeleça os critérios para esta classificação. Já existiu a Portaria 3311/1989 do Ministério do Trabalho, que foi revogada, que estabelecia o critério do tempo de exposição ao risco da seguinte forma:

- **Permanente:** acima de 400 minutos por dia;
- **Intermitente:** entre 30 e 400 minutos por dia;
- **Eventual:** até 30 minutos por dia.

Conforme já citado, como não há critério legal definido para esta classificação, pode-se utilizar esta referência apresentada acima. É importante identificar o tipo de exposição do trabalhador, pois, a seleção das medidas de controle deve levar em consideração este tipo de exposição.

12.1.3.4. Resultado da identificação dos perigos

Com os resultados das avaliações ambientais e ergonômicas em mãos, parte-se para o próximo passo: a identificação dos perigos envolvidos nas atividades da empresa de forma mais aprofundada (mais detalhada), informando a sua fonte geradora, a quantidade de trabalhadores expostos e as suas funções, o tipo de exposição, bem como as prováveis lesões que tal perigo pode acarretar nos trabalhadores.

Os perigos considerados irrelevantes nas avaliações ambientais e ergonômicas, não precisam seguir os próximos passos do PGR. No entanto, eles devem ficar registrados no levantamento preliminar e devem ser reavaliados sempre que necessário, conforme as condições do item 1.5.4.4.6 da NR-1.

Importante também, já identificar os possíveis cenários de emergências, que servirão como subsídio para o planejamento do Plano de Atendimento a Emergências.

Como exemplo, apresenta-se na **Tabela 7**, a identificação de alguns perigos de uma padaria hipotética.

Tabela 7. Identificação de alguns perigos de uma padaria fictícia.

Perigo 01		Código: IIA01-01	
Processo:	Produção		
Ambiente:	Área de produção		
Atividade:	Fabricação de pães		
Perigo:	Calor gerado dos fornos		
Fonte geradora:	Forno		
Lesões prováveis: (Emergências?)	Queimaduras (E), desidratação, câimbras, alterações neurológicas, exaustão física		
Quantidade trabalhadores expostos:	03	Tipo de exposição:	Intermitente 4 horas/dia
Funções expostas:	Padeiro (1) e auxiliar de cozinha (2)		
Perigo 02		Código: IIA01-02	
Processo:	Produção		
Ambiente:	Área de produção		
Atividade:	Fabricação de pães		
Perigo:	Poeira vegetal da farinha de trigo		
Fonte geradora:	Farinha de trigo		

Lesões prováveis: (Emergências?)	Problemas respiratórios, dermatológicos, irritabilidade dos olhos		
Quantidade trabalhadores expostos:	03	Tipo de exposição:	Intermitente 5 horas/dia
Funções expostas:	Padeiro (1) e auxiliar de cozinha (2)		
Perigo 03			**Código: IIIA03-01**
Processo:	Vendas		
Ambiente:	Salão de vendas		
Atividade:	Atendimento aos clientes		
Perigo:	Queda em mesmo nível no salão de atendimento a clientes		
Fonte geradora:	Piso sujo e escorregadio, degrau existente		
Lesões prováveis: (Emergências?)	Fraturas (E), lesões musculares		
Quantidade trabalhadores expostos:	05	Tipo de exposição:	Permanente
Funções expostas:	Atendente (5)		

No exemplo apresentado acima, foram apresentadas a identificação de 3 perigos fictícios de uma padaria. As informações como fonte geradora, lesões prováveis, se há cenários de emergências, a quantidade de trabalhadores expostos, o tipo de exposição e as funções expostas ao perigo, foram fornecidas em cada um dos perigos. Os perigos considerados irrelevantes, não são identificados nesta fase.

12.1.4. Avaliação dos riscos

A avaliação do risco é função da frequência e da gravidade da ocorrência do perigo identificado. Existem diversas metodologias para a avaliação dos riscos. A metodologia utilizada neste guia foi desenvolvida para ser utilizada em qualquer atividade e de fácil entendimento e aplicação. Porém, cabe a cada empresa adotar a metodologia mais adequada à sua realidade para realizar a sua avaliação de seus riscos.

Para a avaliação da frequência utiliza-se a **Tabela 8,** que pode ser classificada em 5 categorias: muito alta, alta, média, baixa e muito baixa.

Tabela 8. Classificação da frequência para avaliação do risco.

Categoria	Significado	Valor
Muito Alta	Ocorre muitas vezes ao dia, todos os dias	9
Alta	Ocorre poucas vezes ao dia, todos os dias	7
Média	Ocorre poucas vezes por semana	5
Baixa	Ocorre poucas vezes por mês	3
Muito baixa	Ocorre poucas vezes por ano	1

Para a avaliação da gravidade utiliza-se a **Tabela 9**, que pode ser classificada em 5 categorias: catastrófica, crítica, significativa, pequena e insignificante.

Tabela 9. Classificação da gravidade para a avaliação do risco.

Categoria	Significado	Valor
Catastrófica	Risco de várias mortes	9
Crítica	Lesões graves, com risco de perda de membros, sequelas graves ou morte	7
Significativa	Lesões significantes, fraturas, com necessidade de afastamento do trabalho	5
Pequena	Lesões pequenas, sem afastamento do trabalho	3
Insignificante	Lesões insignificantes, muito leves	1

Enfim, para classificar o risco, utiliza-se a matriz (**Tabela 10**) que utiliza o resultado do produto (multiplicação) dos valores da frequência pela da gravidade de cada evento. Assim, o perigo poderá ser classificado em 4 categorias, de acordo com o seguinte critério:

- **Aceitável:** cujo resultado do produto (Gravidade x Frequência) seja no máximo igual a 3. Nenhuma medida de controle será necessária;
- **Tolerável:** cujo resultado do produto (Gravidade x Frequência) esteja entre 5 e 15. Deverão ser implantadas medidas de controle, além de capacitação e sinalização;
- **Intolerável**: cujo resultado do produto (Gravidade x Frequência) esteja entre 21 e 35. Deverão ser implantadas medidas de controle com urgência, além de capacitação e sinalização;
- **Inaceitável**: cujo resultado do produto (Gravidade x Frequência) seja igual ou acima de 45. As atividades deverão ser paralisadas imediatamente até que sejam implantadas todas as medidas de controle necessárias.

Tabela 10. Matriz de classificação do Risco = (F) frequência x (G) gravidade.

RISCO = F X G		Frequência (F)				
		Muito baixa	Baixa	Média	Alta	Muito alta
Gravidade (G)	Catastrófica	9	27	45	63	81
	Crítica	7	21	35	49	63
	Significativa	5	15	25	35	45
	Pequena	3	9	15	21	27
	Insignificante	1	3	5	7	9

Legenda do Risco: ■ Inaceitável; ■ Intolerável; ■ Tolerável; ■ Aceitável

Como exemplo de aplicação da avaliação de riscos, observe a **Tabela 11**, que apresenta a ilustração de algumas tarefas hipotéticas.

Tabela 11. Exemplos de aplicação da metodologia de avaliação de riscos.

Tarefa	Perigo	Frequência	Gravidade	Risco
	Queda em altura – cair da escada	Muito alta (F= 9)	Significativa – fraturas (G = 5)	R = 9 x 5 =**45** **Inaceitável**
	Queda em mesmo nível – tropeçar no fio	Muito alta (F=9)	Pequena – apenas lesões leves (G=3)	R = 9 x 3 =**27** **Intolerável**
	Ruído da máquina acima do limite de tolerância	Muito alta (F=9)	Crítica – perda da audição (G=7)	R = 9 x 7 =**63** **Inaceitável**
	Levantamento manual de cargas	Média – 3 vezes por semana (F=5)	Significativa – problemas de coluna (G=5)	R = 5 x 5 =**25** **Intolerável**
	Exposição a partes móveis da furadeira	Baixa – 3 vezes por mês (F=3)	Significativa – fraturas (G= 5)	R = 3 x 5 =**15** **Tolerável**

	Exposição a agente químico – ácido sulfúrico (corrosivo)	Média – 2 vezes por semana (F=5)	Crítica – queimaduras graves (G=7)	R = 5 x 7 =**35** **Intolerável**

Ilustrações: Ikastetxea (2009).

Nos exemplos apresentados acima ilustram a classificação do nível de risco de cada perigo hipotético apresentado, considerando a frequência e a gravidade para determinar o resultado utilizando a matriz de classificação de risco apresentada, considerando as medidas de controle existentes.

Veja mais sobre identificação dos perigos e avaliação dos riscos em:

https://www.klb-engseguranca.com/2019/07/identificacao-de-perigos-e-avaliacao.html?m=1

12.2. Seleção e implantação das medidas de controle

12.2.1. Seleção das medidas de controle

As medidas de controle são ações adotadas para minimizar o perigo a níveis toleráveis. Deve-se seguir a hierarquia de controle de riscos. Para cada caso, deve-se avaliar qual a medida de controle será implantada.

Após a identificação do perigo, avalia-se quais as medidas de controle são as mais adequadas, eficazes e viáveis para cada caso, ou seja, a mais apropriada. Pensando sempre na ordem hierárquica: eliminação, substituição, medidas de engenharia, medidas administrativas e por último, EPI – Equipamento de Proteção Individual. Sempre com o envolvimento e participação dos trabalhadores que desenvolvem aquela atividade específica e com apoio técnico do SESMT onde houver, ou, se possível, de uma assessoria técnica especializada da natureza do perigo avaliado.

Assim o processo é um ciclo: identifica o perigo, avalia o risco com as medidas e condições existentes, seleciona a medida de controle mais apropriada ao caso, reavalia novamente o risco (considerando a medida de controle selecionada) e assim sucessivamente, até que o risco seja considerado tolerável ou aceitável.

As medidas de controle podem ser implantadas em três locais: na fonte geradora, na trajetória entre a fonte e o trabalhador, e no trabalhador. A melhor opção dependerá de cada caso. Ressaltando-se sempre, que na hierarquia, a melhor opção seria a eliminação do perigo, seguido pela substituição e só depois, a implantação de medidas de controle de engenharia.

As medidas de engenharia podem ser consideradas como medidas de proteção coletiva e merecem atenção especial quanto ao seu dimensionamento. Sempre deve haver um profissional habilitado para a elaboração destes projetos. Como por exemplo, o dimensionamento de um guarda-corpo temporário, que deve atender alguns requisitos técnicos de normas da ABNT – Associação Brasileira de Normas Técnicas, tanto que, a Fundacentro publicou um manual específico sobre este assunto. Todos estes projetos e memoriais de cálculos correspondentes, podem ser arquivados como um Caderno de Proteções Coletivas, fazendo parte do PGR como um Anexo.

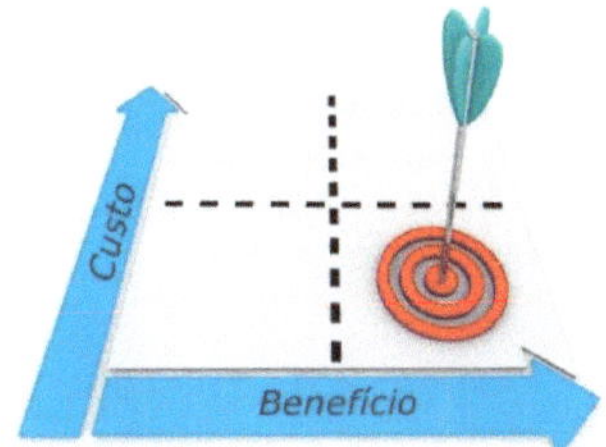

A seleção das medidas de controle não é uma tarefa simples. Trata-se de um exercício complexo, pois, sempre envolverá uma avaliação técnica e econômica. A solução técnica sempre deve seguir a hierarquia das medidas de controle (deve-se sempre pensar na eliminação em primeiro lugar e assim sucessivamente), porém, nem sempre será viável economicamente para a empresa. O melhor argumento é a comparação dos custos potenciais de um acidente decorrente da não implantação da medida de controle e o respectivo custo da sua implantação. Como já demonstrado anteriormente, o custo da implantação de uma medida de controle para evitar um acidente é de aproximadamente 47% do custo total do acidente. Claro que, dependendo de cada caso, cabe uma avaliação minuciosa para a tomada de decisão, envolvendo estudos de opções, desenvolvimento de projetos, inovações tecnológicas, estratégia da empresa, entre outros fatores.

Para os agentes químicos, a Fundacentro possui um livro de avaliação qualitativa de orientação básica para o controle da exposição a produtos químicos. Nele há uma metodologia de avaliação que indica quais as medidas de controle devem ser empregadas. A metodologia utiliza 3 variáveis:

- **Toxicidade**: determinada pela Frase R ou GHS - encontradas na FISPQ de cada produto;
- **Quantidade** utilizada;
- **Propagação** no ambiente.

Com estas 3 variáveis (toxicidade, quantidade e propagação), utiliza-se uma matriz e determina-se a medida de controle a ser utilizada, que podem ser: ventilação geral, controle de engenharia, enclausuramento e medidas especiais.

Veja mais sobre avaliação qualitativa de riscos químicos em:

https://www.klb-engseguranca.com/2019/04/avaliacao-qualitativa-de-riscos.html?m=1

Como exemplo desta etapa, apresenta-se na **Tabela 12**, a seleção das medidas de controle de alguns dos perigos de uma padaria hipotética.

Tabela 12. Seleção das medidas de controle de alguns perigos de uma padaria fictícia.

Ficha 01			Código: IIA01-01
Perigo:	Calor gerado dos fornos		
Medidas Controle iniciais:			Luvas e avental antitérmicas
Frequência:	Gravidade:	Risco:	**Novas medidas de controle:**
9	5	45 Inaceitável	Eliminação: Não é possível eliminar o forno.
Com as novas medidas de controle:			Substituição: Não é possível.
Frequência:	Gravidade:	**Risco Controlado:**	Medidas engenharia:
9	1	**9 Tolerável**	Alterar layout e instalar barreiras antitérmicas, sistema de exaustores, isolando a área dos fornos
Situações de emergência? (X) Sim ( ) Não			Medidas Administrativas: Sinalizar área (cuidado quente)
Observações: O fornecimento de EPI´s se deve para evitar queimaduras no contato acidental com partes quentes			Capacitar trabalhadores Realizar rodízio para operação do forno Orientar trabalhadores para consumo de água EPI´s: Luvas e avental antitérmicas

Ficha 02			Código: IIA01-02
Perigo:	Poeira vegetal da farinha		
Medidas Controle iniciais:		Nenhuma	
Frequência:	Gravidade:	Risco:	**Novas medidas de controle:**
9	7	63 Inaceitável	Eliminação: Não é possível eliminar o uso da farinha de trigo.
Com as novas medidas de controle:			
Frequência:	Gravidade:	**Risco Controlado:**	Substituição: Não é possível.
9	1	**9 Tolerável**	Medidas engenharia: Conforme livro Fundacentro. Grupo B, quantidade média, empoeiramento alto – medida de controle 2: sistema de ventilação local exaustora
Situações de emergência? ( ) Sim (X) Não			Medidas Administrativas: Capacitar trabalhadores Realizar rodízio para operação dos equipamentos
Observações:			EPI´s: Nenhum

Ficha 03			Código: IIIA03-01
Perigo:	Queda em mesmo nível no salão de atendimento a clientes		
Medidas Controle iniciais:		Limpeza do piso diariamente	
Frequência:	Gravidade:	Risco:	**Novas medidas de controle:**
9	5	45 Inaceitável	Eliminação: Instalar rampa antiderrapante no lugar do degrau
Com as novas medidas de controle:			
Frequência:	Gravidade:	**Risco Controlado:**	Substituição: Não é possível.
9	1	**9 Tolerável**	Medidas engenharia: Nenhuma
Situações de emergência? (X) Sim ( ) Não			Medidas Administrativas: Sinalizar área (cuidado rampa) Capacitar trabalhadores
Observações:			Realizar limpeza mais vezes ao dia, mantendo o piso limpo EPI´s: Nenhum

Os exemplos apresentados acima ilustram a seleção das medidas de controle de 3 perigos de uma padaria fictícia. Em todos eles, realiza-se a primeira classificação do nível de risco considerando as medidas de controle iniciais. Caso o resultado seja: intolerável ou inaceitável, deve-se selecionar novas medidas de controle a serem implantadas. A seleção deve seguir a hierarquia das medidas de controle. Logo após, deve-se reclassificar o nível de risco, considerando a inclusão das novas medidas de controle. O resultado desejável deve ser: risco aceitável ou tolerável. Caso não seja, acrescentar novas medidas e realizar novamente a classificação até que se obtenha o resultado desejável.

Por fim, sugere-se que haja um resumo da quantidade da classificação dos perigos, antes (com as medidas existentes) e depois, com a reavaliação considerando a adoção das novas medidas de controle sugeridas. Novamente, este ciclo, demonstrado no fluxograma da **Figura 6**, deve ser realizado até que se consiga a classificação dos perigos como aceitáveis ou toleráveis.

Com este resumo, pode-se calcular um indicador, denominado de IQCT – Índice da Qualidade das Condições de Trabalho, para comparação entre o antes e o depois dos perigos controlados, utilizando a equação matemática a seguir:

$$IQCT = 100 \; x \; \left\{ \left(5xA + 4xT + 2xI + In\right) \middle/ \left[(A + T + I + In)x5\right] \right\}$$

Onde: IQCT = Índice da Qualidade das Condições de Trabalho
A = número de perigos Aceitáveis
T = número de perigos Toleráveis
I = número de perigos Intoleráveis
In = número de perigos Inaceitáveis

O resultado obtido do IQCT varia de 20 a 100, sendo que:

- IQCT = 20 – indica a pior condição de trabalho;
- IQCT = 100 – indica a melhor condição de trabalho.

Como exemplo, apresenta-se na **Tabela 13**, o resumo dos três perigos avaliados de uma padaria fictícia e o cálculo do IQCT.

Tabela 13. Resumo da classificação dos perigos de uma padaria fictícia.

Quantidade de perigos avaliados (com medidas de controle existentes)					
Aceitáveis	Toleráveis	Intoleráveis	Inaceitáveis	Total	IQCT
0	0	0	3	3	25
Quantidade de perigos reavaliados (com novas medidas de controle)					
Aceitáveis	Toleráveis	Intoleráveis	Inaceitáveis	Total	IQCT
0	3	0	0	3	75

O exemplo apresentado acima ilustra o resumo da classificação dos 3 perigos avaliados de uma padaria fictícia. Observa-se que, apenas com as medidas de controle iniciais, os 3 perigos foram classificados como intoleráveis, com IQCT=25. Com a seleção e inclusão de novas medidas de controle, os 3 perigos passaram a serem classificados como toleráveis, com IQCT=75. Claramente, fica demonstrado que os perigos foram minimizados a níveis toleráveis, melhorando a qualidade das condições de trabalho.

A avaliação de riscos deve ser realizada a cada dois anos. Se a empresa tiver uma certificação de um sistema de gestão de saúde e segurança do trabalho, o período pode ser a cada três anos. No entanto, deve-se refazer a avaliação dos riscos sempre que houver algumas das condições abaixo:

- Após implantação medidas de controle, se houver riscos residuais;
- Ocorrência acidentes ou doenças ocupacionais;
- Ineficácia, inadequações ou insuficiência das medidas de controle;
- Mudança nos requisitos legais;
- Mudanças de processos (gestão de mudanças).

Veja mais sobre medidas de proteção coletiva em:

https://www.klb-engseguranca.com/2019/07/equipamentos-de-protecao-coletiva-epc.html?m=1

Para fins de conceitos, encerra-se aqui o **Inventário de Riscos**, a primeira parte do PGR, correspondente ao P de Planejar do ciclo PDCA (em inglês: Plan, Do, Check e Act; em português: Planejar, Executar, Acompanhar/Verificar e Avaliar/Corrigir).

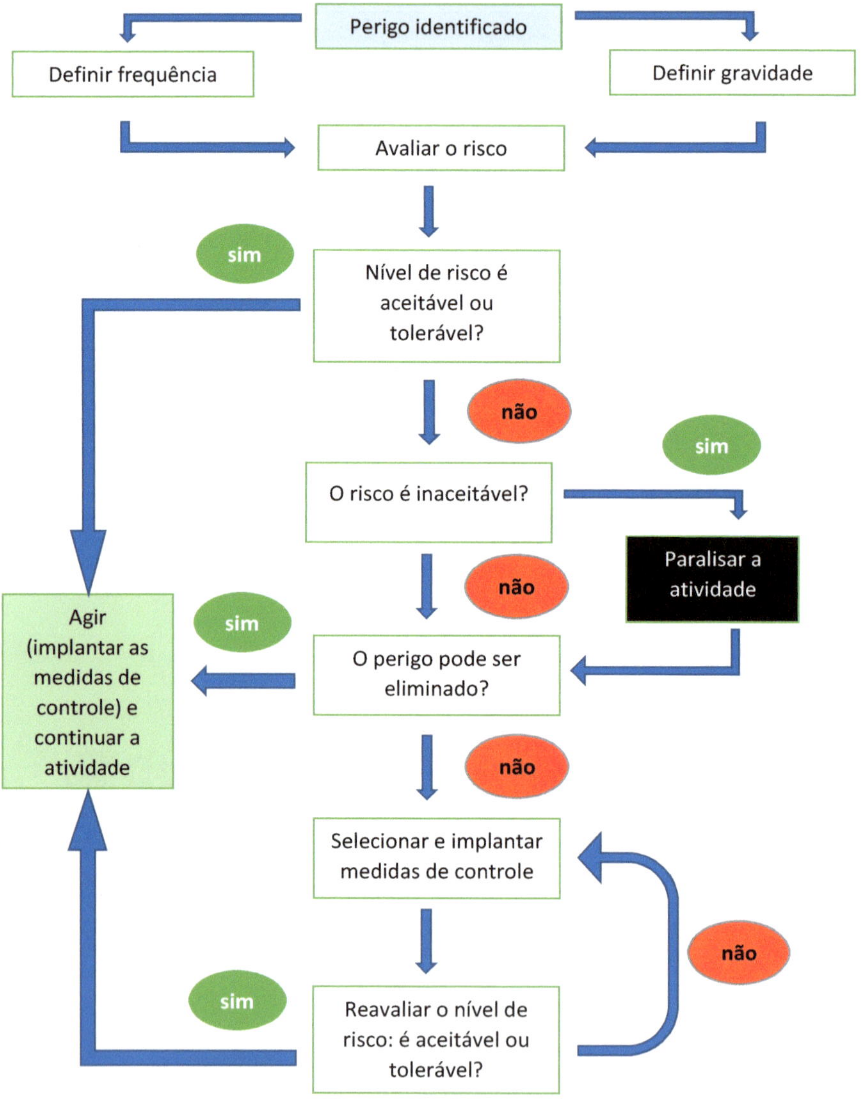

Figura 6. Fluxograma do gerenciamento de riscos.

12.2.2. Implantação das medidas de controle

A próxima etapa é a implantação das medidas de controle selecionadas. Porém, qual a prioridade? Para responder a esta pergunta, adota-se neste guia, a metodologia da matriz GUT (Gravidade x Urgência x Tendência), apresentada a seguir.

Inicia-se aqui a segunda etapa do PGR, denominada de **Plano de Ação**, correspondente ao D de Executar do ciclo PDCA.

O método consiste na pontuação dos problemas detectados como forma de obtenção das prioridades. Inicialmente atribui-se pesos para cada situação nas três funções: Gravidade (**Tabela 14**), Urgência (**Tabela 15**), Tendência (**Tabela 16**), e a pontuação final é obtida a partir da multiplicação dos três pesos (G x U x T). Para a classificação da gravidade, urgência e tendência, considera-se a situação atual, ou seja, com as medidas de controle existentes.

A prioridade será dada em ordem decrescente, ou seja, a prioridade será o evento que tiver obtido a maior pontuação.

Tabela 14. Pesos utilizados para a Gravidade.

Grau	Gravidade	Peso
Total	Risco de várias mortes	10
Alta	Lesões graves, com risco de perda de membros, sequelas graves ou morte	8
Média	Lesões significantes, fraturas, com necessidade de afastamento do trabalho	6
Baixa	Lesões pequenas, sem afastamento do trabalho	3
Nenhuma	Lesões insignificantes, muito leves	1

Tabela 15. Pesos utilizados para a Urgência.

Grau	Urgência	Peso
Total	Evento em ocorrência, necessidade imediata	10
Alta	Evento prestes a ocorrer, necessidade urgente	8
Média	Evento a ocorrer em breve, necessidade médio prazo	6
Baixa	Evento a ocorrer adiante, necessidade longo prazo	3
Nenhuma	Evento sem previsão de ocorrer	1

Tabela 16. Pesos utilizados para a Tendência.

Grau	Tendência	Peso
Total	Consequências pode ocorrer imediatamente	10
Alta	Consequência pode ocorrer em curto prazo	8
Média	Consequência pode ocorrer em médio prazo	6
Baixa	Consequência pode ocorrer em longo prazo	3
Nenhuma	Sem previsão de ocorrer a consequência	1

Como exemplo, definiu-se a ordem de prioridades referente às medidas de controle propostas para o controle dos perigos de uma padaria fictícia, como demonstra a **Tabela 17**.

Tabela 17. Matriz de prioridades para implantação das medidas de controle de uma padaria fictícia.

Medida de controle	Matriz de Prioridade				Ordem de Prioridade
	G	U	T	Resultado	
Alterar layout e instalar barreiras antitérmicas, sistema de exaustores, isolando a área dos fornos	5	10	6	300	3
Implantar sistema de ventilação local exaustora	7	10	8	560	1
Instalar rampa antiderrapante no lugar do degrau	5	10	10	500	2

O exemplo apresentado acima ilustra a definição da prioridade de implantação das medidas de controle de uma padaria fictícia. Com a utilização da matriz GUT, a medida com maior pontuação é considerada prioritária em relação às demais, produzindo uma lista (pontuação decrescente) com a ordem de prioridade para a implantação.

Com a definição da ordem de prioridade, o próximo passo é elaborar um cronograma de implantação estabelecendo os prazos de acordo com a disponibilidade de recursos da empresa. A **Tabela 18** apresenta um exemplo do cronograma para implantação das medidas de controle de uma padaria simbólica.

Tabela 18. Cronograma de implantação das medidas de controle de uma padaria.

Medida de Controle - Prioridade	Ano 2021						
	Medida de Controle	Responsável	Mês 1	Mês 2	Mês 3	Mês 4	Mês 5
01	Implantar sistema de ventilação local exaustora	Gerente	X	X			
02	Instalar rampa antiderrapante no lugar do degrau	Coordenador SST			X		
03	Alterar layout e instalar barreiras antitérmicas, sistema de exaustores, isolando a área dos fornos	Gerente				X	X

O exemplo apresentado acima ilustra a definição de um cronograma para implantação das medidas de controle de uma padaria fictícia. Com a ordem de prioridade definida, deve-se avaliar somente o poder de investimento da empresa e os prazos para implantação das respectivas medidas, definindo assim, o cronograma, com prazos e responsáveis.

Além destas informações básicas (e mínimas) já demonstradas no exemplo anterior, pode-se acrescentar outras informações: valor do investimento financeiro, os recursos materiais e humanos necessários, previsão dos ganhos com a implantação da medida de controle, resultados esperados, enfim, quanto mais informações, melhor o documento, mais robusto. Normalmente, as empresas com maior nível de cultura de segurança, apresentam documentos mais detalhados.

12.3. Monitoramento e avaliação

Com a implantação das medidas de controle, o monitoramento e avaliação correspondem ao C de Verificação/Acompanhamento do ciclo PDCA. Existem diversas ferramentas que podem auxiliar nesta tarefa de acompanhar/verificar aquilo que foi planejado.

Uma das ferramentas mais utilizadas é o famoso checklist. Existem diversos modelos que podem servir de pontapé inicial para a elaboração destas listas de verificação, que devem refletir a realidade de cada empresa e por isso, devem ser adaptadas à sua particularidade.

Outra ferramenta muito utilizada é a inspeção in loco, para verificar se toda a fase de planejamento contemplou todos os perigos existentes e se as medidas de controle que estão sendo utilizadas, realmente estão controlando o perigo, reduzindo o seu nível de risco par tolerável ou aceitável.

Veja mais sobre inspeções de segurança em:

https://www.klb-engseguranca.com/2019/08/inspecoes-de-seguranca-dentro-de-um.html

A verificação do atendimento aos requisitos legais é um dos monitoramentos necessários e deve ser realizado periodicamente.

As medidas de engenharia, geralmente medidas de proteção coletiva, exigem manutenção periódica para garantir a sua eficiência durante todo o seu período de uso. Para verificar se estas manutenções estão sendo realizadas, deve-se realizar inspeções in loco, podendo ser guiadas por um checklist.

Importante reforçar alguns conceitos utilizados:

- **Ação preventiva**: visa eliminar as causas de uma situação potencial indesejada, ou seja, a situação ainda não ocorreu;
- **Ação corretiva**: visa eliminar as causas de uma situação indesejada, ou seja, a situação já ocorreu.

Veja mais sobre ações preventivas e corretivas em:

https://www.klb-engseguranca.com/2019/10/acoes-preventivas-e-corretivas.html

Já uma Não Conformidade são todas as ações, situações ou produtos que não atendam a determinados requisitos aplicáveis pré-estabelecidos (legislação, normas, especificações técnicas, entre outras). Quando se tem um evento que ocorre de forma sistêmica (ou generalizada) ou de forma repetitiva, também pode ser chamado de Não Conformidade. Elas podem ser reais (quando o evento já ocorreu) ou potencial (quando o evento ainda não ocorreu, porém, já foi verificada a Não Conformidade). O tratamento adequado da Não Conformidade é fundamental para que as causas sejam identificadas e ações necessárias sejam implantadas para eliminá-las, afim de evitar que tal evento ocorra novamente.

Veja mais sobre tratamento de Não Conformidades em:

https://www.klb-engseguranca.com/2019/10/tratamento-de-nao-conformidades-nao.html

Outra forma de acompanhamento e verificação são as famosas auditorias. Auditoria é uma verificação de conformidade em relação a alguma norma utilizada como referência. Existem 3 tipos de auditoria:

- **Primeira parte ou Interna**: realizada pela própria empresa. Para isso, a empresa deve capacitar alguns trabalhadores para ser seus auditores internos;
- **Segunda parte**: realizada por uma subcontratada pela empresa. Ao invés de utilizar os seus auditores internos, pode-se contratar qualquer empresa para realizar a sua auditoria interna;
- **Terceira parte ou Externa**: realizada por uma instituição independente e acreditada para fins de certificação. A empresa pode contratar qualquer instituição no mercado para fazer a sua Auditoria Externa.

Veja mais sobre auditorias em saúde e segurança do trabalho em:

https://www.klb-engseguranca.com/2019/08/auditorias-em-saude-e-seguranca-do.html?m=1

Todas essas ferramentas servem para fazer a verificação/acompanhamento das ações planejadas e dos requisitos aplicáveis. É importante que todas essas ferramentas tenham um controle também. Como assim?

Muitas ações preventivas e corretivas serão geradas decorrentes do uso destas ferramentas (cheklists, inspeções, auditorias, entre outras).

O controle destas ações (responsáveis, prazos, verificação da eficácia) são fundamentais para que o ciclo PDCA gire e as melhorias sejam contínuas, elevando o nível de desempenho da empresa em relação à prevenção de acidentes e doenças ocupacionais.

O PCMSO – Programa de Controle Médico e Saúde Ocupacional, exigido pela NR-7, é uma importante ferramenta de acompanhamento. Ele deve estar integrado, harmonizado, alinhado ao PGR, pois, o monitoramento da saúde ocupacional dos trabalhadores é mais uma ferramenta que indica a eficácia ou não das medidas de controle implantadas. Caso haja alguma alteração na saúde do trabalhador, com nexo laboral, identificada pelo monitoramento estabelecido no PCMSO, este fato indica que as medidas de controle não estão sendo eficazes e todo o ciclo de avaliação de riscos deve ser revisado.

12.4. Verificação da eficácia

Nesta última etapa, correspondente ao A de Avaliar/Corrigir do ciclo PDCA, a verificação da eficácia visa avaliar se as ações implantadas obtiveram os resultados esperados. Caso não tenha atingido este objetivo, se propõe novas ações de correção para atingir tais resultados. Em todas as medidas propostas se deve realizar a verificação da eficácia.

Importante reforçar alguns conceitos utilizados:

- **Eficiência**: Fazer do jeito certo, utilizando os recursos disponíveis da melhor forma possível. Relacionado ao modo de fazer;
- **Eficácia**: Atingir metas e resultados. Relacionado ao objetivo da tarefa.

A verificação da eficácia, portanto, não é simplesmente constatar que a ação proposta foi realizada. É muito além disso, é verificar se o desvio identificado não voltará a ocorrer ou de fato esteja controlado adequadamente. Muitas vezes, não é uma única ação que irá alcançar o resultado esperado, mas sim, um conjunto de ações. Logo a verificação da eficácia será constatar que todas as ações propostas e implantadas atingiram os resultados esperados.

Exemplificando, demonstra-se na **Tabela 19,** a verificação da eficácia das três medidas de controle propostas anteriormente para uma padaria fictícia.

Tabela 19. Verificação da eficácia das medidas de controle de uma padaria fictícia.

Tipo de ação	Descrição	Verificação eficácia	Resultado
Medida de Controle	Implantar sistema de ventilação local exaustora	Foi instalado o sistema de ventilação. Posteriormente, foi realizada uma nova medição de poeira, constatando-se uma redução da concentração de poeira vegetal com resultado abaixo do limite de tolerância e do nível de ação	Eficaz
Medida de Controle	Instalar rampa antiderrapante no lugar do degrau	A rampa foi instalada, com piso antiderrapante. Realizou-se alguns testes e verificou-se que mesmo com o piso sujo, não houve facilidade de escorregar	Eficaz
Medida de Controle	Alterar layout e instalar barreiras antitérmicas, sistema de exaustores, isolando a área dos fornos	Foi realizado um novo layout com instalação de barreiras antitérmicas e do sistema de exaustores. Posteriormente, foi realizada uma nova medição de calor, constatando-se uma redução do nível de stress térmico com resultado abaixo dos limites de tolerância e do nível de ação.	Eficaz

O exemplo apresentado acima ilustra a verificação da eficácia da implantação das medidas de controle de uma padaria fictícia. As três ações foram devidamente implantadas e atingiram os resultados esperados: reduziu o nível de concentração de poeira vegetal para valores abaixo do nível de ação, o que implica na dispensa do uso de EPI's e a preservação da saúde dos trabalhadores; eliminou o perigo de queda em mesmo nível em função do degrau existente, construindo no lugar uma rampa antiderrapante; e reduziu o nível de stress térmico originado pelo calor dos fornos para níveis abaixo do nível de ação, preservando a saúde dos trabalhadores.

Ressalta-se que a verificação da eficácia, deve ser realizada com todas as ações (preventivas ou corretivas) originadas dos monitoramentos realizados (checklist, inspeções, não conformidades ou auditorias).

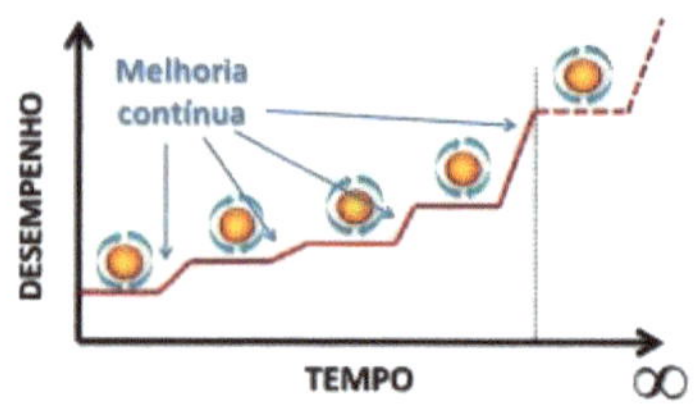

Com a realização desta etapa, finaliza-se um ciclo PDCA e inicia-se outro, resultando na melhoria contínua. Nas ações consideradas não eficazes, deve-se realizar um novo ciclo, até que seja considerado eficaz as ações propostas. Assim, o PGR aproxima-se da estrutura das normas de sistema de gestão em saúde e segurança do trabalho. O resultado esperado é um melhor desempenho na prevenção de acidentes e doenças ocupacionais, com o passar do tempo.

Para fins de conceitos, encerra-se aqui o **Plano de ação**, a segunda parte do PGR, correspondente ao D, C e A de Executar, Acompanhar e Corrigir do ciclo PDCA (em inglês: Plan, Do, Check e Act; em português: Planejar, Executar, Acompanhar/Verificar e Avaliar/Corrigir).

Uma planilha em excell, com o resumo de todas as informações de apoio para estruturação do PGR está disponível em:

https://drive.google.com/file/d/1yzoGXt2h4S55qE-1vcQTWGeav_B7MvuN/view?usp=sharing

13. ANÁLISE CRÍTICA

Uma análise crítica serve para verificar o desempenho, identificar os pontos fortes e fracos, além das oportunidades de melhoria, neste caso, relacionados ao gerenciamento de riscos ocupacionais da empresa. Ela deve ser realizada pela alta direção da empresa.

Com relação ao desempenho, verifica-se os resultados alcançados dos objetivos e metas estabelecidos no início de cada ciclo, que geralmente é anual. Além disso, utiliza-se alguns indicadores de desempenho para subsidiar de informações a análise crítica. Estes indicadores devem ser abrangentes e refletir os resultados relevantes, como por exemplo: % atendimento aos requisitos legais, % eliminação de perigos, % redução de níveis de risco, % de soluções implantadas de medidas de controle consideradas eficazes, % acidentes com alto potencial, quantidade de doenças ocupacionais, quantidade de emergências atendidas, classificação do nível de cultura de segurança da empresa, % líderes com comportamento seguro, % recusa de tarefas solucionadas, % recorrência de um mesmo desvio, % trabalhadores capacitados, % não conformidades atendidas, entre outros.

O nível de desempenho pode ser classificado em 4 categorias, considerando o resultado obtido do indicador avaliado, conforme a **Figura 7.**

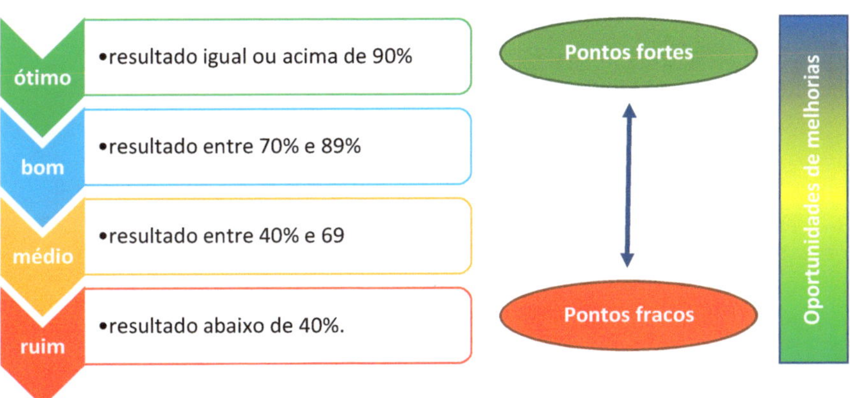

Figura 7. Classificação do nível de desempenho.

Assim, onde o desempenho da empresa está ótimo, considera-se como pontos fortes. E onde está ruim, considera-se como pontos fracos. As oportunidades de melhorias devem ser identificadas e avaliados os seus benefícios em relação ao seu esforço de implantação. Elas podem estar em todos os níveis, melhorando aquilo que está ruim, ou mesmo aquilo que já está ótimo.

Uma das ferramentas utilizadas para avaliar a necessidade de mudanças é a matriz de importância versus nível de controle (**Figura 8**), que resulta em qual ação deve ser tomada para cada cenário (ação urgente, melhoramento, adequado ou excesso).

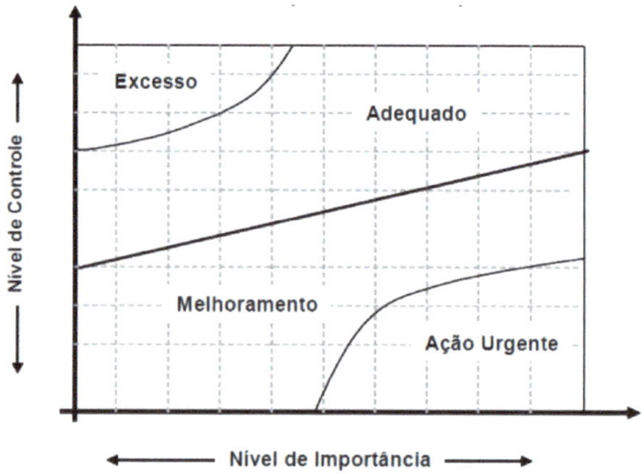

Figura 8. Matriz de importância versus nível de controle.
Fonte: Dumer e Martinez (2013).

Na análise crítica realizada pela alta direção da empresa, deve-se estabelecer novos objetivos e metas, definir os níveis de investimentos necessários e possíveis para a melhoria do desempenho no gerenciamento de riscos. Além disso, a Política de SST da empresa deve ser analisada para verificar se está coerente com o seu desempenho, bem como adequada à realidade dos indicadores obtidos. Caso necessário, deve-se revisar a Política.

14. INVESTIGAÇÃO DE ACIDENTES

A investigação de acidentes visa identificar as causas básicas do evento ocorrido para que, com a adoção de medidas corretivas se evite a repetição. Existem várias metodologias que podem ser utilizadas numa investigação, como por exemplo: diagrama de causa/efeito, brainstorming, árvore de causas, árvore de falhas, entre outros.

Não há um critério para se definir qual a melhor metodologia para cada caso, que depende principalmente da equipe que irá desenvolver tal investigação, a natureza do acidente a ser investigado, a complexidade das circunstâncias, entre outros fatores. Cabe à equipe de investigação adotar a metodologia mais adequada para cada caso.

Importante ressaltar que a composição de uma equipe multidisciplinar pode resultar numa investigação mais profunda e adequada.

Toda vez que ocorrer um acidente, deve-se revisar a avaliação dos riscos e as medidas de controle implantadas do PGR, visto que, elas não foram suficientes para evitar o respectivo acidente.

Veja mais sobre investigação de acidentes em:

https://www.klb-engseguranca.com/2019/05/investigacao-de-acidentes-tarefa-de.html?m=1

Muitas vezes, as consequências do acidente não refletem o seu potencial. Por isso, deve-se realizar a sua classificação para que se possa focar nos acidentes com maior potencial, pois, se ocorrerem novamente, podem ter consequências graves (o que talvez, não tenha ocorrido no evento investigado).

Assim, sugere-se a utilização de uma matriz de classificação do potencial dos acidentes, utilizando a probabilidade de ocorrência e a magnitude máxima das lesões, conforme a **Tabela 20**.

Tabela 20. Matriz de classificação do potencial do acidente.

Probabilidade	Magnitude máxima das lesões		
	Tolerável	Grave	Crítica
Remota	Baixo	Baixo	Médio
Improvável	Baixo	Médio	Médio
Provável	Baixo	Alto	Alto

Com a definição do potencial do acidente (baixo, médio ou alto), pode-se definir o envolvimento de mais pessoas para a realização da investigação do acidente, como sugerido a seguir:

- **Baixo**: representante SESMT, liderança do acidentado;
- **Médio**: representante SESMT, liderança do acidentado e gerente da área;
- **Alto:** representante SESMT, liderança do acidentado, gerente da área e diretor da empresa.

Obviamente que, numa investigação deve-se ouvir o acidentado (assim que possível), as testemunhas, a liderança direta do acidentado e demais pessoas que possam contribuir. Toda documentação relacionada ao acidente, capacitações do acidentado, análises de risco, entre outras, devem ser analisadas pela equipe de investigação. Sempre que possível, envolver pessoas especializadas da atividade afim de esclarecer os fatos e encontrar as causas básicas do acidente.

Por fim, importante ressaltar que o aprendizado de acidentes de outras empresas também deve ser observado, principalmente quando há atividades semelhantes em sua empresa.

Veja mais sobre aprendizado de acidentes em:

https://www.klb-engseguranca.com/2019/05/aprendizado-de-acidentes-todo-nosso.html?m=1

15. PAE - PLANO DE ATENDIMENTO A EMERGÊNCIAS

Na etapa de identificação dos perigos, indica-se os possíveis cenários de acidentes com emergências. O PAE - Plano de Atendimento a Emergências deve responder a diversas perguntas relacionadas a estes cenários: O que vamos fazer? Como fazer? Quem vai fazer o quê? Quais os recursos serão necessários? Quais os apoios necessários? Quais as rotas de fuga? Para onde e como serão levadas as vítimas?

A composição de uma brigada de emergência, quando exigido pela legislação aplicável de cada Estado, é uma das tarefas iniciais. Todas as informações sobre a Brigada devem constar no PAE.

Um projeto de prevenção e combate a incêndios, devidamente aprovado pelo Corpo de bombeiros de cada Estado, é fundamental para o planejamento da implantação das ações de prevenção e combate a incêndios (extintores, hidrantes, sprinklers, alarme, sinalização, iluminação, rotas de fuga, entre outros). O atendimento aos requisitos da NR-23 – proteção contra incêndios, devem ser cumpridos.

As rotas de fuga devem estar bem sinalizadas, livres e desimpedidas, além de serem de conhecimento de todos os trabalhadores. Um Plano de Abandono/Evacuação de área deve ser elaborado, sempre que uma empresa for de médio ou grande porte. Definir pontos de encontro e como os trabalhadores serão retirados destes pontos de encontro e para onde serão levados? Como será a comunicação? Quem são os responsáveis? Todas estas respostas devem ser respondidas neste plano específico. Quando for uma empresa de pequeno porte, as ações de abandono e evacuação de área devem constar no PAE.

No PAE deve conter todos os recursos externos necessários, bem como o tempo de chegada dos mesmos até a empresa. Estes recursos devem ser visitados e verificadas as informações previamente, como por exemplo: definir um hospital de apoio. Pode ser que o hospital mais próximo atenda somente pacientes de baixa gravidade, enquanto que, os pacientes de alta gravidade deve ser levados a outros hospitais de referência. Hospitais de referência para queimaduras, acidentes com animais peçonhentos, entre outros, devem estar mapeados. Outras instituições: Corpo de Bombeiros, SAMU, resgate aéreo, entre outras, também devem constar no PAE.

Quando houver, as áreas classificadas devem ter toda atenção necessária, estarem sinalizadas e delimitadas, serem de conhecimento de todos e atender aos requisitos de segurança, estabelecidos na NR-10, bem como em normas técnicas da ABNT – Associação Brasileira de Normas Técnicas. A instalação de um biruta é importante para o conhecimento da direção do vento e planejamento das ações de emergência.

Veja mais sobre áreas classificadas em:

https://www.klb-engseguranca.com/2019/05/areas-classificadas-area-classificada-e.html?m=1

As demais normas regulamentadoras, bem como todas as demais exigências legais aplicáveis, devem ser observadas e integradas ao PAE. Por exemplo, na atividade de mineração, onde há uma norma setorial específica (NR-22 – segurança na mineração), há a exigência da elaboração do Plano de Emergência para barragens. No caso de uma caldeira, outro exemplo, na NR-13 – vaso de pressão, há exigência de elaboração de procedimentos para situações de emergência. Portanto, todos os requisitos legais sobre emergências de outras NR´s ou legislação aplicáveis, devem ser integrados ao PAE.

Quando houver profissionais da área de saúde na empresa, deve-se estabelecer um Plano de resgate e primeiros socorros. Quem, como e onde o trabalhador deve ser atendido? Quem irá fazer resgates? Como será encaminhado o trabalhador para os locais de referência? Estas e outras respostas devem ser respondidas neste plano específico. Quando não houver profissionais da área de saúde na empresa, as ações de resgate e primeiros socorros devem constar no PAE.

No PAE deve conter todos os cenários de emergência apontados na etapa de identificação dos perigos. As orientações de como agir em cada cenário e os recursos necessários devem ser definidos e divulgados. Todos os recursos materiais necessários, incluindo os EPI´s específicos, devem estarem disponíveis, em bom estado de uso e conservação, sinalizados e armazenados em locais de conhecimento de todos os trabalhadores.

Como exemplo, apresenta-se na **Tabela 21**, algumas recomendações para alguns cenários fictícios de uma empresa.

Tabela 21. Exemplos de cenários de emergência fictícios.

Cenário	Orientações
Princípios de incêndios	• Acionar a equipe de Segurança do Trabalho e a Brigada de Emergência; • Desligar as redes elétricas próximas e alimentação de circuitos elétricos do cenário do princípio de incêndio; • Evacuar a área conforme o Plano de Abandono / Evacuação de Área; • Retirar materiais combustíveis próximos; • Isolar a área no entorno; • Observar a direção do vento para o planejamento das ações; • Executar as ações de combate ao princípio de incêndio; • Acionar o apoio externo, caso necessário; • Realizar o rescaldo após o controle do incêndio
Acidentes próximos a redes elétricas	• Solicitar a equipe da Elétrica o desligamento da rede elétrica o mais rápido possível; • Se houver rede caída sobre veículos ou equipamentos, não permitir a saída dos ocupantes até o desligamento da rede elétrica; • Não tocar em materiais condutores que estejam em contato com a rede energizada; • Não utilizar materiais condutores para socorrer vítimas em contato com eletricidade.
Acidentes pessoais	• Acionar o resgate imediatamente, conforme o Plano de resgate e primeiros socorros; • Acionar a equipe de Segurança do Trabalho e a Brigada de Emergência; • Avaliar a possibilidade de mais cenários de acidentes no local e tomar as providencias necessárias para evitá-los; • Desligar máquinas e equipamentos presentes no cenário; • Isolar a área com raio adequado para resgate e primeiros socorros; • Preservar ao máximo o cenário do acidente.

O exemplo apresentado acima ilustra a orientação a três cenários de emergência fictícios de uma empresa qualquer. Pode-se relacionar os recursos materiais necessários, os meios de comunicação, os responsáveis pela condução de cada tipo de emergência, enfim, quanto mais detalhado, melhor. Pode-se utilizar fluxogramas ou qualquer outra ferramenta para facilitar o entendimento dos trabalhadores. Para cada tipo de cenário, deve-se elaborar uma resposta, contendo as orientações e demais informações necessárias.

Finalmente, a realização de simulados é muito importante para verificar se as recomendações dos cenários, bem como os planos elaborados atendem às necessidades de forma eficaz.

O planejamento dos simulados é fundamental para que todas as ações sejam realizadas com segurança e não gerem acidentes reais. Recomenda-se a realização de reuniões prévias com os envolvidos, definindo local, data e horário para a realização do simulado. As pessoas chaves devem ser avisadas para que, em caso de uma coincidência de uma emergência real no mesmo momento de um simulado, a situação real seja priorizada e o simulado suspenso.

O registro de todo o simulado deve ser realizado, verificando os tempos, ações realizadas, recursos disponíveis, entre outros, visando identificar os desvios que podem comprometer o sucesso da operação.

Após o registro, deve-se realizar uma reunião de análise crítica do simulado realizado, para que os desvios identificados sejam tratados adequadamente. O resultado da análise é verificar se a resposta do PAE ao cenário de emergência será eficaz ou não.

O ideal é que ao longo do tempo, todos os cenários sejam simulados. Aqueles cenários considerados ineficazes pela reunião de análise crítica devem ser revisados e posteriormente repetidos, até que sejam considerados eficazes. Um cronograma de execução dos simulados deve ser elaborado de acordo com as características de cada empresa.

Veja mais sobre plano de atendimento a emergências em:

https://www.klb-engseguranca.com/2019/05/pae-plano-de-atendimento-emergencias-o.html?m=1

16. CAPACITAÇÃO DOS TRABALHADORES

A capacitação dos trabalhadores é fundamental e deve ser contínua. Porém, somente capacitar não resolve. Um bom clima organizacional, um ambiente seguro, um trabalhador motivado, comprometido, satisfeito e feliz, aliado ao conhecimento adquirido nas capacitações tende a gerar pessoas com comportamento seguro e boa percepção de riscos.

Diversas capacitações já são exigidas pelas normas de segurança aplicáveis a cada atividade desenvolvida pelo trabalhador na empresa. Iniciando pela capacitação admissional, periódica e eventual, exigidas pela NR-1. Passando pelos requisitos legais (como por exemplo: trabalho em altura, espaços confinados, operação de máquinas e equipamentos, entre outros) e demais programas desenvolvidos pelas empresas.

A pirâmide de aprendizagem de William Glasser (**Figura 9**), demonstra que aquelas capacitações tradicionais (onde o participante vê e escuta) não se obtém o melhor resultado de absorção do conhecimento, apenas 50%. Já praticar aquilo que se está aprendendo, aumenta para 80% o nível de absorção. Portanto, as empresas devem buscar e priorizar metodologias de capacitação mais dinâmicas e atrativas, com a participação prática dos trabalhadores.

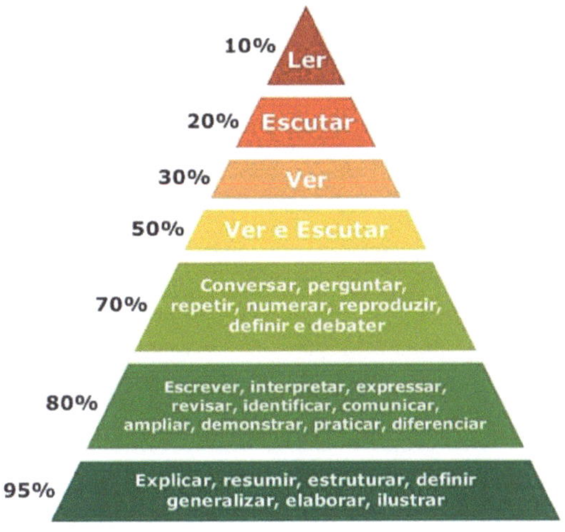

Figura 9. Pirâmide de aprendizagem de William Glasser.
Fonte: Site: www.borelliacademy.com.br

O planejamento adequado das capacitações necessárias para cada função em relação às atividades a serem desenvolvidas é o primeiro passo. Depois, a seleção do instrutor, que deve em primeiro lugar ter conhecimento pleno do assunto, atender aos requisitos de competência e experiência, além de uma boa didática. Na sequência, realizar a preparação do local e dos recursos necessários. Convocar os trabalhadores, de preferência em horário de expediente, e realizar a capacitação propriamente dita. O registro adequado e a emissão dos certificados de participação são as últimas etapas. Muitas normas exigem a comprovação do aprendizado, que pode ser por meio de provas ou outros tipos de avaliação.

Veja mais sobre didática básica para facilitadores de saúde e segurança do trabalho em:

https://www.klb-engseguranca.com/2019/11/didatica-basica-para-facilitadores-em.html

As capacitações nas modalidades: EAD – Ensino a distância e semipresencial foram abordadas pela NR-1 e disciplinadas em seu Anexo II. Independentemente da modalidade adotada, garantir a absorção do conhecimento pelo trabalhador é fundamental para alcance dos objetivos do PGR.

17. TERCEIROS E VISITANTES

A segurança de terceiros (prestadores de serviços e subcontratados) que atuam dentro da empresa deve ter os mesmos cuidados como se funcionários fossem. Muitas vezes, os trabalhadores terceiros estão envolvidos em atividades com menores riscos, mas, devem seguir as mesmas diretrizes de todos os trabalhadores, participando ativamente dos processos de identificação dos perigos e avaliação dos riscos, implantação das medidas de controle, capacitação e comunicação. O PGR da subcontratada deve abranger os perigos, avaliar os riscos e conter as medidas de controle das atividades a serem desenvolvidas. O PGR da contratante deve integrar (conversar) com o PGR da subcontratada. Se a subcontratada for isenta de elaboração do PGR, o da contratante deve absorver as atividades da subcontratada. Obviamente, que a comunicação e informação aos trabalhadores terceiros é fundamental para que as ações de prevenção atinjam os resultados esperados.

No caso de subcontratados, todas as ações devem levar em consideração os terceiros presentes, até porque, eles desempenham funções que seriam de trabalhadores da própria empresa, que, por motivos justificáveis foram terceirizadas.

No caso de prestadores de serviços que venham realizar atividades diferentes da rotina da empresa, deve-se planejar toda a atividade, identificando os perigos inerentes e avaliando os seus riscos, e as possíveis interferências com as atividades de rotina, seguindo as etapas do PGR com o envolvimento destes trabalhadores. E no caso de atividades já rotineiras e que já foram avaliadas, certificar se não houve nenhuma alteração no cenário já avaliado anteriormente e que os trabalhadores da prestadora de serviço que irão desenvolver as atividades conheçam os perigos, os riscos e as medidas de controle necessárias, bem como, conheçam a rotina das atividades da empresa que possam ter interferência com atividades que serão realizadas. É recomendável que haja o acompanhamento e supervisão de um trabalhador da empresa durante a atividade realizada pelos terceiros.

Para os visitantes, o cuidado deve ser ainda maior, pois, eles não conhecem todos os processos da empresa, nem os perigos, riscos e medidas de controle. Neste caso, a melhor recomendação é que este visitante esteja sempre acompanhado por um trabalhador da empresa e não entre em áreas com riscos elevados e nem realize nenhuma atividade dentro da empresa. Um briefing de segurança, antes da sua entrada, é uma boa ação preventiva, visando dar informações básicas de saúde e segurança ao visitante.

18. GESTÃO DE EPI´S

A gestão de EPI´s – Equipamentos de Proteção Individual deve observar alguns quesitos:

- Fornecimento do EPI adequado ao perigo;
- Conforto do EPI;
- Capacitação para o seu uso;
- Disponibilização de local para guarda e higienização;
- Política de troca/substituição;
- Cobrança pelo uso efetivo;
- Registro de fornecimento.

O EPI deve ser adequado ao perigo. Ele deve proteger adequadamente o trabalhador. Para isso, deve-se sempre verificar a sua especificação técnica e checar se ele realmente faz a proteção desejada ao trabalhador. Como por exemplo, um mecânico de veículos utiliza uma luva de proteção mecânica, logo, ela não protege contra óleos e graxas - forneça um creme adequado também ou uma luva que proteja contra agentes químicos e mecânicos ao mesmo tempo.

O conforto dos EPI's é um fator importante que deve ser levado em consideração para que o trabalhador use tal EPI conforme necessário. O tamanho inadequado de um protetor auricular tipo plug pode incomodar o trabalhador por exemplo, desestimulando o seu uso. Por isso temos uma diversidade de EPI's no mercado - deve-se avaliar qual a melhor opção em questões técnicas, econômicas e de conforto para o trabalhador.

E a capacitação para o uso correto, guarda, higienização, quando e onde trocar o EPI? É mais uma obrigação da empresa. A capacitação deve ser ministrada por profissional capacitado para tirar todas as dúvidas dos trabalhadores, verificar e garantir se houve o entendimento correto do conteúdo e registrá-lo adequadamente.

Disponibilizar um local adequado que permita a guarda dos EPI's de forma individual e a sua higienização conforme a necessidade.

Todo EPI tem sua vida útil, que dependerá das atividades realizadas pelo trabalhador. A substituição, sempre que necessária, é uma obrigação da empresa, de forma gratuita, verificando a validade do produto fornecido, bem como a data de validade do CA – Certificado de Aprovação. Pode cobrar? Somente em casos comprovados de um desvio intencional do trabalhador. Exemplo: usou a botina para ir pescar na sua folga e estragou o EPI, que ainda estava em boas condições de uso. A empresa é obrigada a substituir, porém, neste caso (com comprovação documentada) pode cobrar do trabalhador em sua folha de pagamento (descontar em folha) desde que, o trabalhador tenha sido informado previamente desta política da empresa e que o valor seja o preço de custo do EPI fornecido.

O uso efetivo do EPI durante a exposição aos agentes identificados é uma obrigação do trabalhador, porém, a empresa tem a obrigação da cobrança pelo uso (para isso existem diversas punições previstas na CLT - de advertências a demissão por justa custa).

Por fim, o registro do fornecimento destes EPI's ao trabalhador, com data do fornecimento, a descrição, o CA, quantidade e a assinatura do trabalhador é fundamental e mais uma das obrigações da empresa.

O EPI não evita acidentes, mas pode neutralizar agentes insalubres e pode minimizar as consequências de um acidente. Logo, o EPI, apesar de ser a última opção na hierarquia de controle de riscos, deve ter uma gestão eficaz e eficiente na sua empresa.

Veja mais sobre gestão de EPI's em:

https://www.klb-engseguranca.com/2020/10/gestao-de-epis-em-varias-pericias-que.html

19. INTEGRAÇÃO DO PGR COM DEMAIS NORMAS

A principal norma de integração com o PGR deve ser a NR-7 – PCMSO – Programa de Controle Médico e Saúde Ocupacional, pois, como já citado anteriormente, ele serve como verificação da eficácia das medidas de controle. O inventário de riscos do PGR serve de base para a elaboração do PCMSO.

Outras duas normas fundamentais para PGR são: NR-9 – avaliação de agentes ambientais, bem como a NR-17 – ergonomia. Estas duas normas alimentam as informações de identificação dos perigos, pois, avaliam se os agentes são relevantes ou não e apresentam os resultados das avaliações correspondentes.

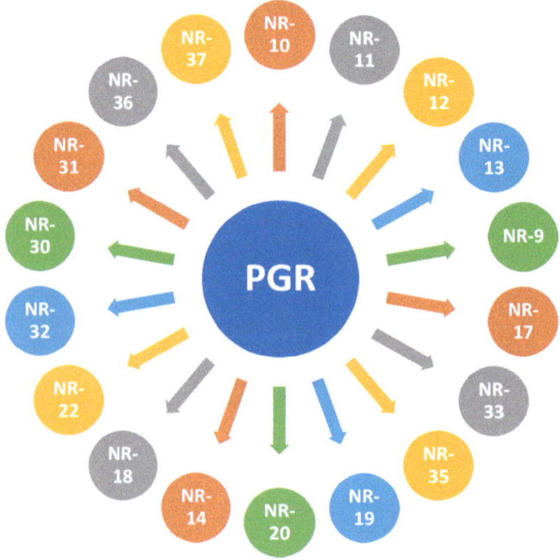

As demais normas regulamentadoras também devem ser integradas ao PGR. De que forma? Sempre que houver a identificação de algum perigo, definido em alguma das NR´s (trabalho em altura por exemplo), as medidas de controle devem atender aos requisitos legais estabelecidos nas respectivas normas.

Já as normas setoriais, quando aplicáveis à atividade da empresa, obviamente, que devem ser atendidas de forma integrada com o PGR. Por exemplo, a revisão da NR-18 (construção civil) estabeleceu que o PGR (que irá substituir também o PCMAT – Programa de Condições e Meio Ambiente de Trabalho na Indústria da Construção) deve conter alguns itens a mais, conforme o item 18.4.3. Já a NR-22 (mineração) também estabelece alguns requisitos a mais no PGR, conforme o item 22.3.7.

20. OS TRÊS PILARES DE ATUAÇÃO PROFISSIONAL

Na minha concepção, há três pilares de atuação profissional: conhecimento técnico, relação interpessoal e proatividade, como detalhados abaixo.

O conhecimento técnico é importante para que se tenha argumentos e respostas quando questionado sobre um determinado assunto ou situação. Um bom profissional está sempre em constante atualização e na busca de conhecimento na sua área de atuação.

Um bom relacionamento interpessoal é imprescindível em toda atividade. A empatia, ética, respeito, boa comunicação, boa educação, equilíbrio e bom senso são características desejadas, que auxiliarão o profissional a ter uma boa relação interpessoal com todos os envolvidos nas suas atividades.

A proatividade é fundamental em qualquer lugar e situação. Ser proativo não é fácil. Quantas vezes você já viu alguma coisa errada e ficou calado, para não se envolver em alguma situação? Claro que, nem tudo que virmos de errado temos que nos intrometer. Mas, quando você percebe que pode ajudar a resolver uma determinada situação ou mesmo alertar alguma pessoa que algo pode dar errado, você estará tomando a inciativa de ajudar, ou seja, sendo proativo.

Os 3 pilares são complementares, não adianta praticar um ou dois deles. Na matemática é necessário termos 3 pontos para caracterizar um plano e de forma análoga, na atuação profissional precisamos ter os 3 pilares para termos uma atuação mais efetiva, eficaz e eficiente.

Muitas vezes, você já atua com base nestes 3 pilares, mas nunca parou para pensar porque conseguiu evoluir na sua carreira. Certamente foi porque você utiliza (na prática) seu conhecimento técnico, tem um bom relacionamento interpessoal e é proativo. Se ainda não pratica os 3 pilares, reflita e comece a utilizá-los no seu dia-a-dia.

Veja mais sobre os três pilares de atuação em:

https://www.klb-engseguranca.com/2019/05/os-3-pilares-para-atuacao-na-seguranca.html?m=1

21. CONSIDERAÇÕES FINAIS

O PGR foi desenvolvido para auxiliar as empresas na implantação de um programa de prevenção de acidentes e doenças ocupacionais, com uma metodologia prática visando otimizar os recursos para eliminar ou controlar todos os perigos de cada empresa, atacando prioritariamente os perigos com maior nível de risco de acidentes e consequências graves para os trabalhadores. Na sequência, de forma gradativa e contínua, controlar também os demais perigos com níveis intermediários, até chegar aos níveis mais baixos.

Importante ressaltar que, o PGR é um programa contínuo e permanente, pois, não adiantará a sua implantação inicial e não dar continuidade na repetitividade do ciclo PDCA. Até porque, com as mudanças tecnológicas, de mercado, de processos e de pessoas, sempre haverá situações não avaliadas em função desta dinâmica das empresas atuais, sejam novas ou já existentes que foram alteradas. E neste caso, torna-se um ciclo sistemático de avaliação e melhoria contínua dos aspectos de saúde e segurança do trabalho.

O programa pode ser aplicado em qualquer empresa, com mais ou menos esforços, dependendo da complexidade das atividades, processos e porte de cada uma. O apoio técnico dos integrantes do SESMT – Serviço de Engenharia de Segurança e Medicina do Trabalho, onde há a exigência legal de sua existência, é imprescindível para a obtenção de melhores resultados do PGR. Nas empresas que não há a exigência legal do SESMT, em decorrência de suas atividades com menores riscos, deve-se contratar uma assessoria técnica em segurança do trabalho competente para a elaboração do PGR.

Os resultados do PGR dependerão do envolvimento da alta direção, da disponibilização dos recursos necessários, da participação de todos os trabalhadores e na promoção de ambientes seguros.

O PGR é uma exigência legal, que visa melhores resultados na prevenção de acidentes e doenças ocupacionais, controlando os perigos existentes, e como consequência, contribuirá para o melhor desempenho geral da empresa.

22. REFERÊNCIAS BIBLIOGRÁFICAS

DUMER, M. C. R.; MARTINEZ, A. L. **Cost accounting according to the coffee producers in the city of Afonso Claudio/ES: analysis of the perception of importance-performance through the matrix of slack.** Journal Custos e Agronegócio, V. 9, 2013.

EYERKAUFER, M. L. *et al*. **Simulação de custos na gestão de riscos de acidentes do trabalho**. XXIV Congresso Brasileiro de Custos. Disponível em: https://anaiscbc.emnuvens.com.br/anais/article/download/4383/4383, acessado em setembro/2019. Publicado em 2017.

IKASTETXEA, L. A. **Evaluación de riesgos.** Disponível em: http://www.osalan.euskadi.eus/contenidos/informacion/fp_gaztetxoko/es_def/materiala/fp/d1_evaluacion_riesgos/ebaluacion_riesgos.pdf, acessado em setembro/2019. Publicado em 2019.

DUPONT. **Curva de Bradley da DuPont**. Disponível em: https://www.consultdss.com.br/bradley-curva/, acessado em setembro/2019.

HEARTS AND MINDS. **What is safety culture?** Disponível em: https://publishing.energyinst.org/heartsandminds/culture, acessado em setembro/2019.

MINISTÉRIO DA PREVIDÊNCIA. **Anuário Estatístico de Acidentes do Trabalho 2017.** Disponível em: http://sa.previdencia.gov.br/site/2018/09/AEAT-2017.pdf, acessado em setembro/2019. Brasília, 2017.

OIT – ORGANIZAÇÃO INTERNACIONAL DO TRABALHO / FUNDACENTRO. **Pontos de Verificação Ergonômica: soluções práticas e de fácil aplicação para melhorar a segurança, a saúde e as condições de trabalho**. Traduzido pela Fundacentro. 2. ed. – São Paulo, 2018.

Ilustrações utilizadas neste Guia:

Todas as ilustrações utilizadas estão referenciadas (quando retiradas de publicações) ou foram retiradas da internet, com acesso público e disponíveis, sem identificação dos autores.